스스로 해보는 태양계 활동 ③

태양계

스스로 해봐! ❸
스스로 해보는 태양계활동

2010년 1월 11일 처음 펴냄
2012년 4월 20일 2쇄 찍음

지은이·델라노 로페즈
옮긴이·문명식
그린이·김영순
펴낸이·신명철
펴낸곳·(주)우리교육
등록·제313-2001-52호
편집장·나익수
기획·편집·신은선
디자인·박지영
주소·(121-841) 서울시 마포구 서교동 449-6
전화·02-3142-6770
전송·02-3142-6772(주문), 02-3142-8108(출판)
홈페이지·www.uriedu.co.kr
카페·cafe.naver.com/ddoya
메일·urieditor@uriedu.co.kr
출력·한국커뮤니케이션
인쇄제본·미르인쇄

· 잘못된 책은 바꾸어 드립니다.
· 이 책의 내용을 쓰려면 반드시 저작권자와 (주)우리교육에 서면 허락을 받아야 합니다.
· 책값은 뒤표지에 있습니다.

ISBN 978-89-8040-436-0 73400
ISBN 978-89-8040-433-9(세트)

Planet Earth : 25 Environmental Projects You Can Build Yourself
Copyright ⓒ 2009 by Kathleen Reilly
Published by arrangement with Nomad Press
All rights reserved.

Korean Translation Copyright ⓒ 2010 by Urikyoyuk Co.
Korean edition is published by arrangement with Nomad Press
through Imprima Korea Agency
이 책의 한국어판 저작권은 Imprima Korea Agency를 통해 Nomad Press와 독점 계약한 (주)우리교육에 있습니다.
저작권법에 따라 한국에서 보호를 받는 저작물이므로 무단전재와 무단복제를 할 수 없습니다.

이 도서의 국립중앙도서관 출판시도서목록(CIP)은 e-CIP홈페이지(http://www.nl.go.kr/cip.php)에서 이용하실 수 있습니다.
(CIP제어번호 : CIP 2009004202)

스스로 해보는 태양계 활동 ③

태양계

델라노 로페즈 지음 | 심성우 추천
김영순 그림 | 문명식 옮김

우리교육

추천사

초등학교 어린이들에게 장래희망을 물어 보면 가장 많이 하는 답은 무엇일까?

우리 사회가 다양화되면서 장래희망의 종류도 무척 많아진 것이 사실이지만, 그래도 아직까지 우리 어린이들에게서 많이 나오는 답 가운데 하나는 '과학자'이다. 이 어린이들이 모두 과학자의 꿈을 이루었다면 우리 사회는 지금쯤 어떤 모습일까? 궁금해진다.

하지만 우리 현실은 과학자의 꿈을 품은 많은 어린이들이 결국에는 그 꿈을 접고 다른 희망을 찾아가게 하고 있다. 그 까닭이 무엇일까? 여러 가지 까닭이 있겠지만 그 가운데 하나는 어린이들이 과학을 쉽고 재미있게 체득할 수 있게 하는 프로그램이 없었기 때문이 아닐까 생각해 본다.

그런 의미에서 《스스로 해보는 **태양계** 활동》은, 과학에 관심을 가지고 있는 많은 어린이들에게 유익한 책이 될 것이다. 일상생활에서 쉽게 만날 수 있는 현상들을 재미있고 편안한 문체로 소개하면서 자연스럽게 과학의 세계로 안내하는 것이 이 책의 큰 장점이라 여긴다. 또한 소개된 과학 원리는 우리 생활주변에서 쉽게 구할 수 있는 재료들을 이용한 실험으로 안내하고 있어서, 주말에 부모님과 함께 할 수 있는 과학체험 프로그램으로도 좋을 것이다.

전체적으로 편안한 문체, 어렵지 않은 주제의 선정, 재미있는 실험, 그리고 따뜻함을 느끼게 하는 삽화. 이 모든 것들은 어린이들을 정말 사랑하고 이해하려는 마음이 바탕이 되지 않았다면 책 속에 그대로 담기지 못했을 것이다. 우리 어린이들이 이런 따뜻하고 정이 넘치는 과학책을 읽으며 과학을 하나하나 공부해 나간다면, 인류와 하나뿐인 지구를 위해 큰 공헌을 할 수 있는 사람들로 자랄 것이라 여긴다.

서울 경복초등학교 심성우

차례

들어가는 글
머리말 —— 8

제1부 / 태양계란 무엇일까? …… 10

우주는 얼마나 클까? …… 22

왜 금성은 수성보다 뜨거울까? …… 26

행성 둘레의 고리 …… 30

달의 위상 …… 34

궤도를 도는 달의 모형 …… 37

지구 중심주의와 태양 중심주의 …… 42

혜성의 꼬리는 어떻게 만들어질까? …… 48

크레이터 …… 51

소행성 띠 …… 56

화산 활동 …… 61

제2부 / 천문학과 탐사 도구 —— 64

갈릴레이의 가속 경사 …… 78

갈릴레이식 망원경 …… 82

로켓 …… 88

스푸트니크호 …… 92

기구 비행기 ······ 96
독수리의 착륙 ······ 100
자기 궤도 발사대 ······ 105
태양풍 항해 ······ 112
이온 추진 ······ 117
지진계 ······ 120
태양 동력 우주선 ······ 123
화성 탐사 차 ······ 130

제3부 / 태양계 너머 — 136

대폭발 풍선 ······ 147
성운이란 무엇일까? ······ 150
펄서 모형 ······ 154
광년과 파섹 ······ 157

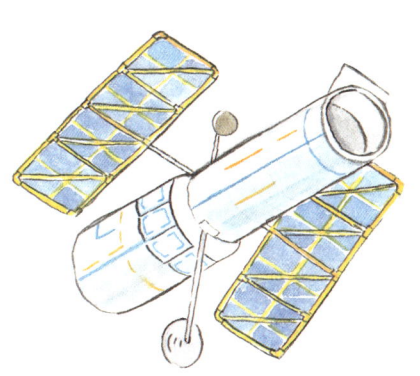

우주 탐사의 역사 — 164
우리 나라의 천문 사이트 — 165
찾아보기 — 166
공작본 — 169

머리말

 밤하늘을 바라보며 별들은 어떻게 저기에 있게 되었을까 궁금한 적이 있니? 달을 보고 그곳에 직접 가 울퉁불퉁한 표면을 탐사해 보고 싶다는 생각은? 우주 비행사처럼 다른 행성에 착륙해 여기저기 돌아다니는 것을 한 번쯤 꿈꾸어 본 적이 있을 거야. 커서 천문학자가 되어 망원경으로 별을 관찰해 보고 싶다는 친구들도 많겠지? 어쩌면 정말로 그럴 수 있을지도 몰라. 로봇 탐사 차 같은 것으로 다른 세계를 탐험해 볼 수도 있겠지. 원격 조종으로 말이야.
 태양계가 행성들과 달, 그리고 그 밖의 천체들로 이루어졌다는 것은 누구나 다 알아. 하지만 도대체 우리는 그 사실을 어떻게 알게 되었을까? 바로 과학자들과 천문학자들, 그리고 우주 비행사들 덕분이야. 그들은 아주 오래 전부터 하늘을 연구했고, 망원경이며 로켓, 탐사기, 탐사차 같은 발전된 연구 도구를 만들어 냈지. 그런 노력이 없었다면 아마 우리는 지구와 이웃한 태양계 행성들에 관해, 그리고 지구와 지구의 환경 및 생명체에 관해 지금처럼 많은 것을 알 수 없었을걸?

이 책은 태양계 안의 행성과 그 밖의 천체들, 그리고 태양계 너머의 천체들을 이해할 수 있게 도와 줄 거야. 책의 내용은 크게 세 단원으로 나뉘어. 첫째 단원인 '태양계란 무엇일까'에서는 태양계와 태양계의 식구들에 관해 설명해. 둘째 단원인 '천문학과 탐험 도구'에서는 우주와 태양계 연구의 역사, 그리고 그런 연구를 하는 데 쓰는 도구들을 소개하지. 마지막 셋째 단원은 '태양계를 너머'야. 여기에서는 우주의 역사와 태양계 너머의 우주 공간에 있는 것들에 관해 알아볼 거야.

이 책에서 소개하는 실험 활동은 대부분 어른의 도움을 별로 받지 않고 할 수 있는 것들이야. 준비물도 집에 흔히 있거나 문방구에서 쉽게 구할 수 있는 재료들이고. 그러니 주저하지 말고 행성의 세계로 들어와. 그리고 스스로 만들어 봐.

우리가 아는 사람들과 우리가 가 본 적이 있는 곳들은 모두, 태양계라고 하는 우주의 아주 작은 부분일 뿐이야. 태양계는 우리, 우리 집 앞, 더 크게는 지구보다 엄청나게 커. 하지만 우리가 속한 은하보다 훨씬 작고, 우주 전체에 견주어 보면 겨우 먼지 알갱이만 한 크기밖에 안 되지.

태양은 핵 융광로야

그러면 이 태양계란 무엇일까? 태양계와 태양계 밖의 우주는 어떻게 가를 수 있을까? 태양계를 여러 부분들이 연결된 하나의 조직으로 여기는 까닭은 무엇일까? 아주 간단하게 말하면, 태양계는 태양과 그 중력이야. 태양계는 태양, 그러니까 해에서 이름을 따왔어. 태양 말고도 중력의 끌림에 따라 태양 둘레의 궤도를 도는 행성, 소행성, 혜성, 별똥별(유성이라고도 해)을 비롯한 모든 것들이 태양계에 속해. 행성의 둘레를 도는 달이나 고리들도 마찬가지이고. 중력의 힘으로 태양 둘레에 붙잡혀 있는 것들은 모두 태양계의 일부인 거지.

태양은 '우리 은하(은하수 은하)'의 무수히 많은 별들 중 하나일 뿐이야. 우리는 태양처럼 자기 둘레를 도는 행성을 가진 별들을 이미 몇 백 개 알고 있어. 하지만 우리 은하에는 어쩌면 몇 백만, 또는 몇 십억 개의 다른 태양계가 있는지도 몰라. 게다가 우리 은하는 우주에 셀 수도 없을 만큼 많은 은하들 가운데 하나일 뿐이거든. 우주는 이처럼 거대하고 신비로워. 그 우주의 아주 작은 일부인 태양계를 이제부터 여행해 보는 거야. 먼저 태양부터 살펴볼 텐데, 그 까닭은 태양이 태양계의 중심에 있어서만이 아니야. 태양계가 우주를 떠다니는 단순한 물체들의 덩어리가 아닌, 일정한 조직으로 유지되는 것은 바로 태양이란 별이 있기 때문이지.

  태양은 거대한 핵 용광로야. 수소를 녹여서 헬륨을 만들어내거든. 이런 융합 반응으로 많은 에너지가 생겨나는데, 우리가 지구에서 보고 느끼는 빛과 열이 바로 그 가운데 일부야. 그래서 태양이 없으면 우리도 있을 수가 없어. 우리가 먹는 음식은 식물에서 나오고, 그 식물이 자랄 수 있게 해주는 빛 에너지는 바로 태양에서 나오거든.

  융합 반응은 태양 안쪽에서 일어나. 깊이가 몇 천 킬로미터나 되고, 온도는 몇 백만 도나 되는 곳이지. 거기에서 만들어진 에너지는 표면으로 올라가 빛이 되어 태양 밖으로 나가. 태양 표면의 온도는 중심부보다 훨씬 낮지만, 그래도 섭씨 6,000도나 돼. 그야말로 무엇이든 녹여 버릴 만큼 뜨거워. 강철이든 인간이든 닿기만 해도 순식간에 기체로 변하고 말걸?

지구형 행성

  태양에서 점점 멀어지다 보면 네 개의 지구형 행성과 마주치게 돼. 바로 수성, 금성, 지구, 화성이야. '지구형'이라는 말은 '지구와 같은'이라는 뜻이지. 하지만 이 행성들은 꼭 지구처럼 보이지 않을 수도 있어. 수성과 금성은 지구보다 아주 많이 뜨겁고, 화성은 훨씬 더 추워. 혹시라도 인간이 그곳에 간다 해도 아마 숨조차 쉬지 못할걸? 그래서 이 행성들에는 우리가 아는 한 액체로 된 물이나 생명체가 전혀 없어. 하지만 지구형 행성들은 공통점이 있어. 규산 물질(규소와 산소로 이루어진 돌)이 대부분인 돌과 철이 모여 만들어진 덩어리라는 점이야. 또한 화성 너머의 훨씬 큰 행성들과 비교해서 크기도 대체로 비슷하지.

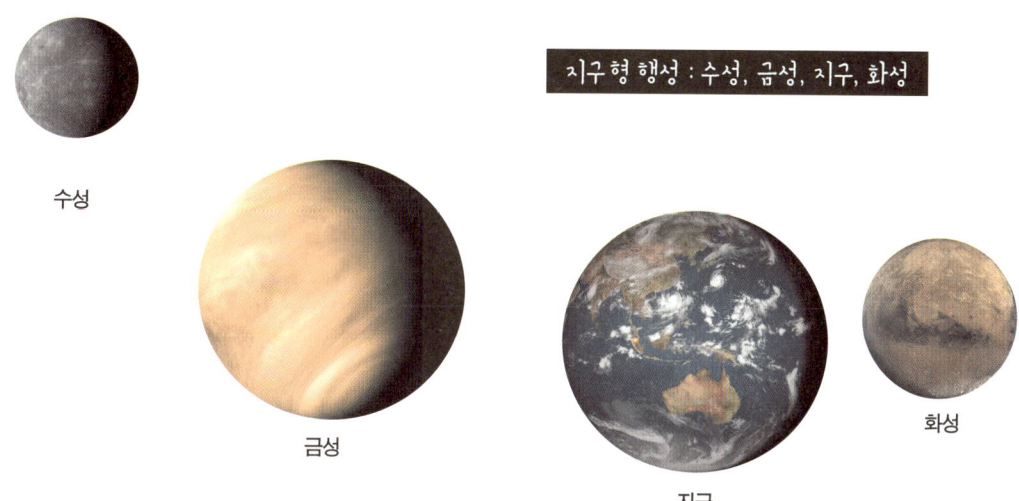

수성

금성

지구

화성

지구형 행성 : 수성, 금성, 지구, 화성

지구형 행성

수성은 네 개의 지구형 행성들 가운데 가장 작고 태양에 가장 가까워. 그 다음으로 가까운 것은 금성이야. 그럼에도 오히려 금성이 수성보다 더 뜨거운데, 그 까닭은 금성에는 두꺼운 대기가 있어서 열을 가둬 두기 때문이지. 수성과 금성에는 모두 달이 없어. 금성 다음에 있는 행성은 바로 지구와 그 둘레를 도는 달이야. 가장 바깥쪽에 있는 지구형 행성은 화성과 그 둘레를 도는 두 개의 달, 데이모스와 포보스란다.

화성을 지나면 소행성 띠에 도착해. 소행성은 행성보다 작고 불규칙하게 생긴 바위 덩어리로, 행성과 마찬가지로 태양 둘레를 규칙적으로 도는 천체야. 이것들은 태양계의 모든 곳에서 보이지만, 대부분은 몇몇 곳에 모여 있어. 특히 화성과 목성 사이에 걸쳐 있는 소행성 띠에는 몇 십만 개나 되는 소행성들이 빽빽이 몰려 있지. 천문학자들은 흔히 이 소행성들이 목성의 중력 때문에 초기의 한 행성에서 떨어져 나온 부스러기들이라고 추측했어. 하지만 지금은 목성의 중력 때문에 그런 행성은 만들어진 적이 없었을 거라고 생각한대.

> 아하! 그렇구나!
>
> 화성은 표면에 산화철이 많아서 붉게 보여. 이것은 화성이 녹으로 뒤덮여 있다는 것을 뜻하지.

화성

목성형 행성

소행성 띠를 지나면, 네 개의 목성형 행성(목성, 토성, 천왕성, 해왕성)들 가운데 첫째이며 가장 큰 행성인 목성이 나와. 목성형 행성은 '기체 거대 행성'이라고도 해. 기체, 특히 수소와 헬륨으로 이루어진 데다 크기가 지구의 몇 십 배에서 몇 백 배나 되는 큰 행성이기 때문이야. 그렇다고 해도 '기체 거대 행성'이라는 이름이 꼭 맞지 않을 수도 있어. 우리가 볼 수 있는 표면은 기체로 이루어졌지만, 부피의 대부분을 차지하는 것은 액체일지도 모르거든. 또한 지구형 행성들

낱말 콕콕

천체 : 천문학의 연구대상이며, 우주를 형성하고 있는 행성, 달, 소행성, 혜성, 별, 은하 들을 말함.

은하 : 태양계와 같은 별의 조직들이 무수하게 모인 것.

별똥별 : 소행성 또는 혜성에서 떨어져 나온 작은 바위 조각이나 얼음 조각이 지구 대기로 들어올 때 생기는 빛줄기.

원자 : 물질을 이루는 가장 작은 알갱이.

원소 : 더는 쪼갤 수 없는 순수한 물질로, 하나의 원자로만 이루어져 있음.

난쟁이 행성

소행성 띠 한가운데에는 세레스(Ceres)라는 난쟁이 행성이 있어. 세레스는 소행성들 가운데 가장 크며, 맨 처음으로 '난쟁이 행성'이라고 불린 천체야. 난쟁이 행성은 스스로의 중력으로 둥근 모양이 될 수 있을 만큼 충분히 커. 그리고 달처럼 다른 행성 둘레를 도는 게 아니라 태양 중심 궤도를 따라 이동하지. 하지만 여덟 개의 주요 행성들과 달리 그 궤도를 독차지하지는 못해. 세레스는 소행성 띠에 있는 몇 천 개의 소행성들 가운데 하나이고, 다른 소행성들에 비해 조금 클 뿐이야.

과 마찬가지로 기체와 액체 속 몇 천 킬로미터 아래에는 암석으로 된 핵이 있을 가능성도 있어. 과학자들이 아직 그것까지 밝혀내지는 못했지.

목성은 기체 거대 행성들 가운데 가장 크고, 태양계 전체로 보면 둘째로 큰 천체야. 태양계에서 목성보다 큰 천체는 태양밖에 없거든. 사실 태양계는 태양과 목성, 그리고 나머지라는 식으로 표현되어 왔지. 태양과 목성이 태양계 전체 크기의 99%를 차지하니까 말이야. 지구와 그 밖의 행성들은 모두 합해봤자 전체의 아주 작은 부분밖에 안 돼. 목성은 크기가 지구의 300배가 넘고, 목성 다음으로 큰 기체 거대 행성인 토성의 3배가 넘는다고.

목성의 날씨는 아주 독특해. 대기 속의 화려한 줄무늬를 관찰해 보면 그 사실을 알 수 있지. 가장 인상적인 것은 '거대한 붉은 점'인데, 사실 그것은 목성의 대기에서 몇 백 년 동안 마치 태풍처럼 소용돌이치고 있는 어마어마하게 큰 폭풍이야. 대기 아래로 갈수록 기체는 액체로 변할 수 있을 정도로 빽빽해져. 목성은 액체 수소의 바다라고 할 수 있어. 또한 희미한 고리들로 둘러싸여 있는데, 이 고리들은 토성의 고리들만큼 크거나 뚜렷하지는 않아. 그 밖에 커다란 소행성 구름도 두 개 있어. 바로 트로이 소행성 무리와 그리스 소행성 무리야. 이것들은 각각 목성의 앞쪽과 뒤쪽에서 태양의 둘레를 돌아.

토성은 목성 다음에 있는 행성이야. 커다랗고 화려한 고리들로 유명하지. 지구에서도 웬만한 망원경만 있으면 관찰할 수 있어. 토성의 고리들은 지름이 보통 1미터쯤 되는, 수많은 작은 알갱이로 이루어졌어. 두께는 어림잡아 200미터가 넘지만, 너비에 비하면 굉장히 얇아 보여. 고리의 너비는 자그마치 수십만 킬로미터나 된다고 해. 이렇게 엄청나게 크기 때문에 겉으로는 납작하고 틈이 없어 보이지. 하지만 토성 고리는 수많은 작은 물질들이 빈 공간에 흩어져 있어. 또한 토성은 60개나 되는 달이 그 둘레를 돌고 있어. 그 가운데 가장 큰 것이 바로 유명한 '타이탄'이야.

목성

아하! 그렇구나!

목성은 태양계의 행성들 가운데 가장 많은 달을 가지고 있어. 달이 자그마치 63개나 되니까. 잘 알려진 달로는 이오, 유로파, 가니메데, 칼리스토 들이 있단다.

토성을 지나면 한동안 빈 공간이 이어져. 목성과 해왕성 사이에는 '켄타우루스'라는 작은 소행성 무리가 흩어져 있어. 하지만 이 소행성들은 너무 작고 적은 데다 굉장히 넓은 공간에 걸쳐 있어서, 우리가 토성을 넘어 다음 행성으로 가는 길에 부딪칠 일은 별로 없어.

　천왕성과 해왕성은 서로 비슷한 점이 많아. 이 두 행성은 '기체 거대 행성'인 목성, 토성과는 반대로 '얼음 거대 행성'이라고 해. 둘 다 너무 추워서 몸체의 많은 부분이 사실상 얼어 있을지 모르거든. 크기도 비슷해서 두 행성 모두 지름이 5만킬로미터쯤 되고, 부피는 지구의 15배 정도 돼. 다만 해왕성이 조금 더 밀도가 커서 천왕성보다 더 단단하고 무거워. 또한 두 행성 모두 미세한 알갱이들로 이루어지고 지구에서도 쉽게 관찰할 수 있는 작은 고리가 있지. 달이 많은 것도 공통점이야. 천왕성은 27개, 해왕성은 13개나 되는 달을 각각 거느리고 있으니까.

　재미있는 사실은 천왕성이 옆으로 누워 있다는 거야. 그래서 천왕성의 자전축은, 지구나 다른 대부분의 행성들

천왕성

수성   금성   지구   화성   목성

행성들 사이의 거리

우리 태양계의 행성들은 서로 정말이지 아주 멀리 떨어져 있어. 태양에서 지구까지 거리는 '천문단위' 또는 '에이유(AU)'라고 해. 태양에서 목성까지는 태양과 지구 사이 거리의 다섯 배, 그러니까 5AU가 넘어. 하지만 토성에 닿으려면 목성에서 거의 그만큼의 거리를 더 여행해야 해. 천왕성과 해왕성에 닿으려면 토성을 지나 또 한참을 가야 하지. 천왕성은 태양에서 20AU나 떨어져 있으니까. 해왕성은 천왕성을 넘어 태양과 지구 사이 거리의 10배를 또 가야 만날 수 있어. 다시 말해 태양에서 30AU 떨어져 있는 거지.

처럼 궤도의 평면과 거의 직각을 이루는 게 아니라, 태양 쪽과 그 반대쪽을 번갈아 가리키게 되지. 그 결과, 천왕성의 북극 지역은 낮이 42년 동안 이어진 뒤, 다시 42년 동안 밤이 이어져. 천문학자들 가운데는 천왕성이 태양계가 생겨난 지 얼마 안 되었을 때, 다른 천체와 충돌하면서 옆면에 충격을 받았다고 생각하는 이들도 있어.

해왕성의 대기는 전체적으로 파랗게 보여. 그리고 지구처럼 물방울이 뭉쳐 만들어진 것은 아니지만, 하얀 구름들이 띠 모양을 이루고 있어. 대기는 매우 빠르게 변하며, '거대한 검은 점'들이 나타났다가 사라지곤 해. 이 점들은 목성의 거대한 붉은 점과 비슷하게 생겼어.

해왕성

카이퍼 띠와 그 너머

해왕성을 지나면서 태양계는 다시 비교적 복잡해져. 카이퍼 띠가 거기에서 시작되어 100에이유(AU)까지 뻗어 있기 때문이야. 1에이유는 약 1억5천만 킬로미터에 해당하니까 정말 어마어마하게 먼 거리지.

카이퍼 띠는 소행성 띠와 비슷한 것으로, 카이퍼 띠 천체라고 하는, 몇 만 개의 행성 같은 얼음 덩어리들이 모여 이루어진 곳이야. 이 카이퍼 띠의 천체들 가운데 둘은 난쟁이 행성으로 보아도 될 만큼 커. 그 두 난쟁이 행성이 바로 명왕성과 에리스야.

카이퍼 띠

해왕성 바깥에서 태양의 둘레를 도는 작은 천체들의 집합체.
얼음과 운석들이 모여 이루어졌으며, 3만 5천 개가 넘는다고 해.
이 천체를 발견한 미국의 천문학자 '헤라르드 카이퍼'(1905~1973)
의 이름을 따서 '카이퍼 띠'라는 이름이 붙었어.

명왕성은 카이퍼 띠 천체들 가운데 가장 먼저 발견되었으며, 다른 것들에 비해 태양에 더 가까워. 또한 궤도가 타원형이어서, 태양과 가까워졌다 멀어졌다 하지. 그래서 어떤 때는 해왕성보다 더 태양에 가까워지기도 해. 명왕성은 오랫동안 우리 태양계의 아홉째 행성으로 여겨졌어. 하지만 최근 과학자들은 명왕성이 실제로는 난쟁이 행성일 뿐이라고 결론 내렸어. 명왕성의 달은 모두 세 개인데, 카론, 닉스, 히드라라고 해.

명왕성

또다른 난쟁이 행성 에리스는 명왕성보다 약간 더 크고 더 멀리 떨어져 있어. 그래서 궤도의 최대 반지름이 명왕성의 두 배가 넘지. 에리스는 달도 하나 있는데, 바로 디스노미아야.

　지금까지 우리가 발견하여 관찰한 태양계의 천체들 가운데 태양에서 가장 멀리 떨어진 것은 세드나라는 천체야. 세드나는 카이퍼 띠 천체이면서도 카이퍼 띠를 넘어 880에이유(AU)까지 이동해. 880에이유(AU)면 1억 4,800만 킬로미터의 880배나 되니까 정말로 아득하게 먼 거리지. 해왕성 너머에 있는 이 모든 천체들을 '해왕성 바깥 천체(trans-Neptunian Object: TNO)'라고 해.

　이제 우리는 태양계 여행의 끝에 이르렀어. 하지만 과학이 위대한 것은 새로운 정보를 자꾸 발견하면서 끊임없이 바뀌고 발전한다는 거야. 그래서 아마 우리가 이 책을 읽고 있을 때쯤이면 난쟁이 행성이나 거대 기체 행성의 달이 더 많이 발견되었을지도 몰라. 어쩌면 나중에 우리가 어른이 되어 직접 태양계에 관한 중요한 발견을 해낼 수도 있겠지.

오르트 구름과 혜성

우리 태양계의 맨 바깥쪽에는 오르트 구름이라는 게 있어. 이것은 혜성들, 혹은 좀 더 엄밀하게 말해서 먼지나 얼음 덩어리들로 이루어진 구름이야. 우리가 흔히 아는 혜성은 바로 그런 덩어리들이 태양을 향해 떨어질 때 부르는 이름이지. 오르트 구름은 5만 에이유(AU)까지 펼쳐져 있으며, '긴 주기 혜성'이 나오는 곳으로 여겨지고 있어. 긴 주기 혜성이란 몇 천 년 또는 그 이상의 시간에 걸쳐 태양 둘레를 도는 혜성을 말해. 분명히 있다는 증거가 거의 없기 때문에, 오르트 구름은 아직까지 그저 하나의 생각으로만 남아 있어. 하지만 혜성이 나오는 곳이라는 점은 분명해.

'짧은 주기 혜성'은 핼리 혜성처럼 태양에 훨씬 가까운 궤도를 따라 도는 혜성들을 말해. 그래서 긴 주기 혜성보다 지구에서 더 자주 볼 수 있어. 가령 핼리 혜성은 대략 77년마다 한 번씩 나타나지. 이 혜성들도 아마 오르트 구름에서 비롯되었을 거야. 하지만 다른 혜성들의 중력장에 의해 끌려가거나 밀쳐져서 밖으로 떨어져 나왔고, 그런 다음 다른 행성들의 중력에 의해 태양에 더 가까운 궤도로 끌려 들어간 거지.

오르트 구름을 지나면 우리는 태양계를 벗어나 우리가 사는 은하의 다른 곳으로 접어들게 돼.

자전축 : 행성의 양극을 꿰뚫는다고 상상해서 만든 선으로, 행성이 자전할 때 축이 됨.

 우주는 얼마나 클까?

　우주의 크기는 어마어마해. 우리는 지구에서 길이나 거리를 잴 때 미터나 리, 마일 같은 단위를 써. 하지만 지구 밖의 우주는 너무 커서, 천체들 사이의 거리를 쉽게 말하려면 우리가 날마다 쓰는 길이 단위보다 규모가 더 큰 것을 써야 해. 이처럼 큰 단위들 가운데 하나가 바로 천문단위, 곧 '에이유(AU)'야.

　천문단위는 태양과 지구 사이의 평균 거리로, 약 1억5천만 킬로미터야. 정말 상상하기조차 어려울 만큼 먼 거리지. 만약 우리가 자동차를 타고 태양에 간다면, 약 시속 100킬로미터의 속도로 하루에 24시간씩 무려 176년 동안 가야 겨우 도착할 수 있을 거야.

　천문이란 말은 천문학이라는 말에서 나왔어. 천문학이란 태양계와 그 너머의 우주를 연구하는 학문이지. 여기에서 '천문'은 우주와 천체에서 나타나고 벌어지는 온갖 모습과 일들을 말하지만, '천문학적인' 이라는 뜻도 있어. 천문학적이라는 말은 흔히 거대하고, 드넓고, 상상할 수 없을 만큼 크다는 뜻으로 쓰여.

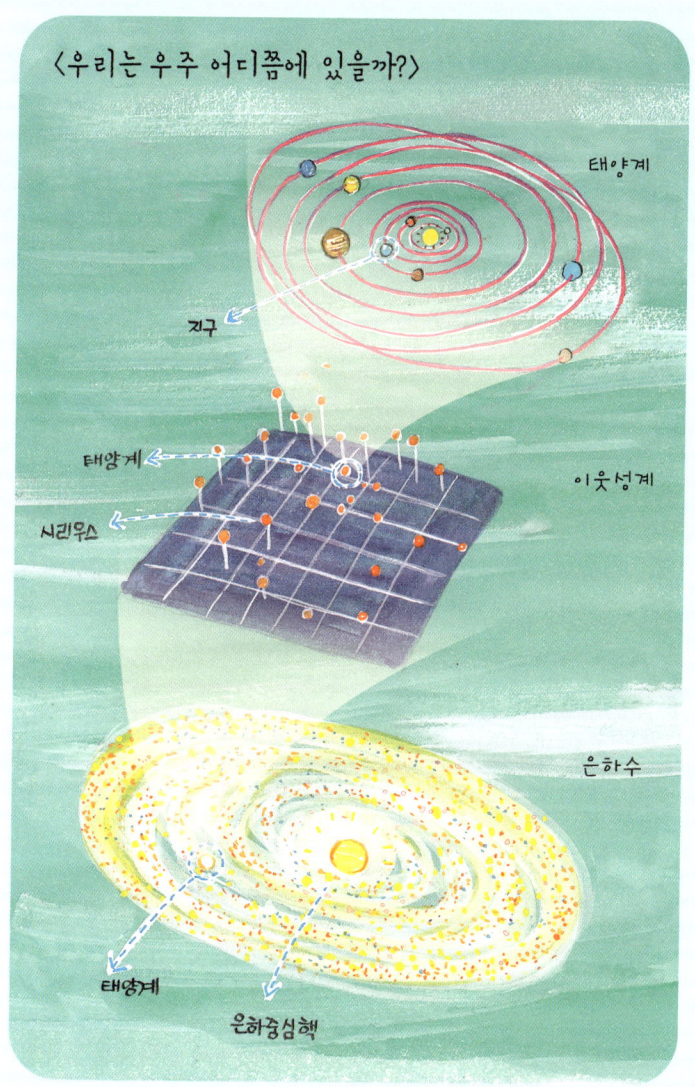

이웃 성계: 태양계에서 20광년 거리 안에는 태양계와 같은 성계가 79개가 있어. 더 나아가 띠 모양으로 수천 억 개의 별이 모여 있는 집단은 은하라 하는데, 태양계 같은 성계들이 모여 은하를 이루지.

은하수: 태양계가 있는 은하(우리 은하). 지름이 10만 광년쯤 돼. 태양계는 은하수 은하의 오리온팔에 있으며, 은하수 은하 중심에서 2만 6천 광년 떨어져 있어. 우리은하에는 2천억 개의 별들이 있으며, 우주에는 은하들이 셀 수 없이 많아.

지구는 태양계의 구성원이고, 태양계는 우리 은하의 일부지. 우리 은하는 국부 은하군의 일부야. 또 국부 은하군은 판이나 실 모양으로 펼쳐 있는 초은하단의 일부일 뿐이라고 해. 하지만 초은하단도 인류의 기술로 관측 가능한 우주의 일부일 뿐이지.

실험1

스스로 만들어 보는
천문단위의 축척 모형

> 이 실험은 넓은 운동장에 나가서 '천문단위'가 얼마쯤 되는지 알아보는 거야

준비물

지름이 60센티미터쯤 되는 큰 풍선 하나

지름이 5밀리미터쯤 되는 완두콩이나 구슬 하나

신문지

미술용 작은 붓

물감 – 노랑, 파랑, 초록

밀가루 3컵
넓은 운동장

뜨거운 물 6컵

커다란 그릇

길이가 60센티미터쯤 되는, 가늘고 긴 막대 두 개.

접착제와 테이프

❶ 먼저 태양 모형을 만들 거야. 작업을 할 장소에 신문지를 깔고, 풍선을 크게 불어. 그리고 종이 찰흙을 만들기 위해 커다란 그릇에 물과 밀가루를 섞어. 그런 다음, 신문지를 길쭉하게 찢어 반죽에 살짝 담갔다가 풍선 위에 얹어. 공기 주입구만 빼고 풍선 전체가 덮이도록 신문지 조각을 여러 겹 붙여. 다 됐으면 하룻밤이나 그 이상 말려.

❷ 완두콩이나 작은 구슬을 지구처럼 보이도록 파랑이나 초록 물감으로 칠해. 큰 문구점에 가면 아예 지구처럼 만들어진 구슬을 팔아. 대륙 모양을 똑같이 그리려고 너무 애쓰지 않아도 돼. 이건 아주 작은 모형이니까. 완두콩이나 구슬 지구 모형을 막대의 꼭대기에 접착제로 붙여.

❸ 태양 모형이 마르면 태양처럼 노랗게 칠해.(모형을 만든다고 진짜 태양을 똑바로 쳐다보지는 말 것!) 물감이 마르면 종이를 붙이지 않은 곳으로 풍선의 바람을 뺄 수 있어. 태양을 다른 막대의 꼭대기에 붙여.(막대를 풍선을 뺀 태양 모형 밑바닥의 구멍에 집어넣어도 괜찮아.)

❹ 넓은 운동장으로 나가(학교 운동장이 좋겠어). 축구 골대에서 골대 사이가 110미터인 운동장이라면, 태양 모형을 한쪽 페널티 구역에 세워. 막대가 잘 안 꽂아지면, 양동이에 모래를 담고 거기에 막대를 꽂은 다음 양동이를 옮겨 놓으면 돼.

❺ 지구 모형을 붙인 막대를 가져와 반대편 골대 앞 페널티 구역에 세워. 이때 태양과 지구 사이의 거리는 정확히 74.5미터가 되어야 하지만, 반드시 길이를 맞출 필요는 없어.(꼭 정확한 거리에 모형을 세우고 싶다면 줄자를 써도 좋아.)

❻ 지구 모형 옆에 서서 태양 모형을 바라보렴. 그리고 완두콩(또는 구슬)이 실제 크기의 20억 배, 혹은 진짜 지구의 크기와 비슷하다고 상상해 봐. 완두콩이 지구만 하고 태양 모형이 태양만 하며, 지구 모형과 태양 모형 사이의 거리가 실제와 똑같아진다면, 그게 바로 1천문단위 또는 1에이유가 되는 거야. 이제 태양 모형에서 눈을 돌려, 태양에서 지구를 지나 그 거리의 40배가 되는 지점을 상상해 봐. 우리가 만든 모형의 크기로 따지면, 그 지점은 거의 3킬로미터 밖이 될 거야. 명왕성이 태양에서 40에이유 떨어졌다는 것은 바로 그와 같은 느낌이라고.

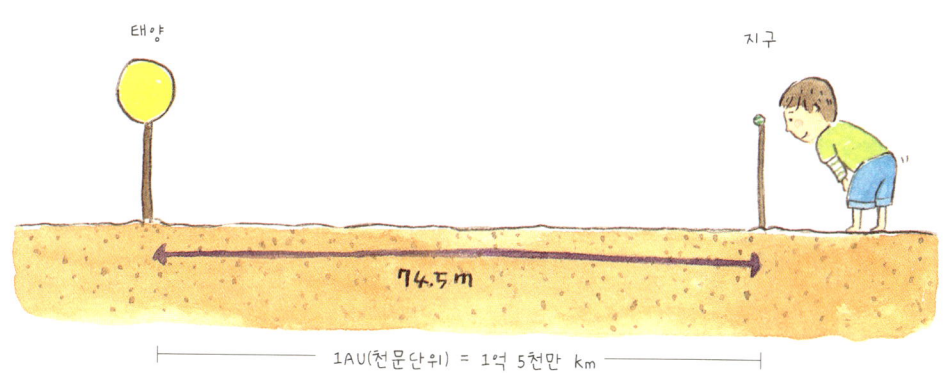

1AU(천문단위) = 1억 5천만 km

왜 금성은 수성보다 뜨거울까?

태양계에서는 보통 태양에 가까운 행성일수록 더 뜨겁고, 멀리 떨어진 행성일수록 더 차가워. 그래서 화성은 지구보다 차갑고, 명왕성은 그 두 행성보다 훨씬, 아주 훨씬 더 차갑지. 하지만 예외가 하나 있는데, 바로 금성이야. 금성은 수성보다 두 배는 더 멀리 태양에서 떨어져 있는데도, 표면 온도는 오히려 수성보다 훨씬 뜨겁거든. 그 까닭은, 수성에는 대기가 거의 없다시피한데, 금성에는 '온실 가스'라는 것으로 이루어진 두꺼운 대기가 있기 때문이야. 그 온실 가스의 대부분은 이산화탄소지. 이 온실 가스가 태양에서 나오는 가시광선(눈으로 볼 수 있는 빛)이 금성의 표면을 데울 수 있게 해주고, 표면에 반사된 적외선이 대기를 빠져나가지 못하게 막아 줘. 온실 가스는 정말 중요해. 만약 지구의 대기에 그런 기체가 없었다면, 지구는 지금보다 훨씬 추웠을 거야.

우리가 사용하는 음료수 깡통으로도 금성에서 나타나는 현상과 비슷한 온실을 만들 수 있어. 금성은 수성보다 적은 햇빛을 받는데도 수성보다 더 많은 열을 유지하지. 금성과 지구, 그리고 그 밖의 다른 행성들의 대기 온실 가스는 우리가 만든 온실과 똑같이 작용하지는 않아. 하지만 우리 온실을 덮은 비닐은 뜨거운 공기가 올라가 날아가 버리는 것, 곧 '대류'라는 현상을 막아 줘. 마찬가지로 온실 가스는 열이 적외선의 형태로 빠져나가는 것, 곧 '복사'를 막아 주지. 금성에서처럼 말이야. 두 가지는 각기 다른 방식으로 에너지를 안에 받아들이고 달아나지 못하게 하는 거지.

우리가 알기로, 지금 수성과 금성에는 식물은 물론 그 어떤 생명체도 살지 않아. 두 행성은 모두 너무 뜨거워서 액체 형태의 물이 있을 수가 없거든. 하지만 상자에 식물을 길러 보면, 온실 효과가 지구에서 얼마나 중요한지 알 수 있어.

온실 가스가 만들어지는 과정

화석 연료(석탄, 석유, 천연 가스 따위)를 태우는 것, 농사, 그리고 토지 개간은 온실 가스를 많이 만들어 내. 온실 가스가 많이 모이고 덩어리가 커질수록 더 많은 열을 가두고 지구의 표면 온도를 높여.

스스로 만들어 보는
온실 실험

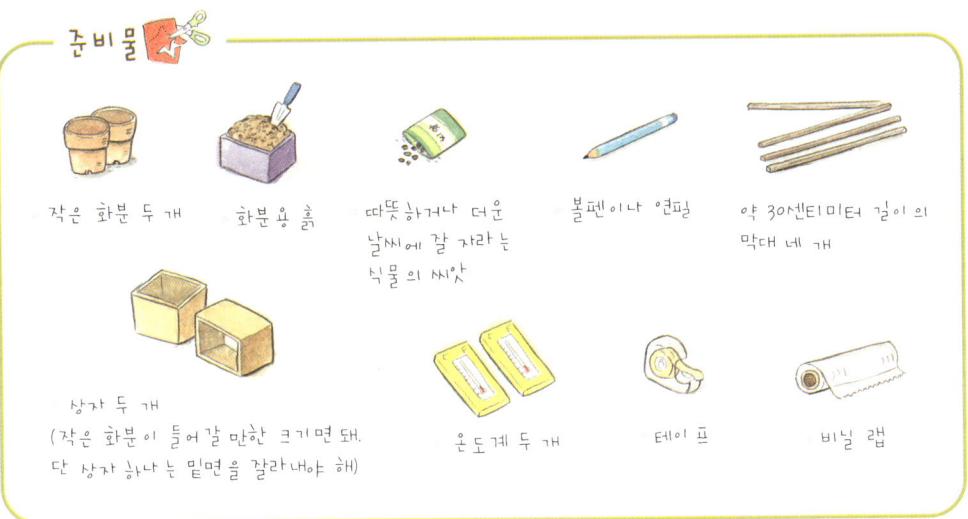

❶ 화분 두 개에 흙을 채운 뒤, 씨앗 포장지에 적힌 대로 씨앗을 심고 물을 줘.

❷ 화분을 각각 상자 안에 넣어. 상자 하나에 '수성' 이라고 써 붙이고 온도계를 넣어 둬. 이 상자들을 실험에서는 '대조 표준' 이라고 해. 어떤 것의 효과를 알고 싶을 때, 그것이 없으면 상황이 어떻게 바뀌는지 비교해 보는 거지. 지금 우리가 알고 싶은 것은 물론 온실 효과야.

❸ 다른 상자에는 '금성' 이라고 써 붙이고 남은 온도계를 집어넣어. 막대 네 개를 금성 상자 귀퉁이에 테이프로 붙여. 막대는 위로 30센티미터쯤 똑바로 올라오게 해.

❹ 비닐 랩의 끝을 신발 상자의 한쪽 면 끝에 테이프로 붙인 다음, 막대를 세워 만든 틀 전체를 덮어씌워. 그리고 테이프로 비닐 랩을 상자 반대쪽 면에 고정시켜. 신발 상자의 다른 두 면에도 똑같은 작업을 해. 비닐 랩이 화분을 에워싸는 온실이 되는 거지.

❺ 상자를 모두 햇볕이 잘 드는 곳에 놓아둬. 10분쯤 뒤에 두 상자의 온도계를 비교해 봐. 똑같이 햇빛을 받았지만, 하나는 다른 것보다 더 온도가 높을 거야.

❻ 씨앗 봉투에 적힌 대로 씨앗을 싹틔우고 물을 주며 돌봐. 한쪽 식물에 무엇인가를 해 주면 다른 쪽에도 똑같이 해 주어야 해. 물이든 양분이든 마찬가지야. 두 식물 사이의 다른 조건은 오직 '온실' 한 가지뿐이 되게 하라고. 이렇게 하는 것을 과학자들은 아주 근사한 이름으로 '독립 변수를 고립시킨다'고 하지. 이젠 두 식물의 성장을 관찰해 봐. 꽃식물을 심었으면 꽃의 수를 세고. 식물의 키를 비교하고, 잎이 몇 개인지 세어 봐. 적어도 일주일에 한 번씩 재서 그 수치와 상자 안의 온도를 적어 둬야 해.

 행성 둘레의 고리

토성은 거대한 고리들로 둘러싸여 있어. 이 고리들은 9만 6천 킬로미터 밖까지 뻗어 있어서 마치 커다랗고 납작한 접시처럼 보이지만, 실제로는 한 덩어리가 아니야. 오히려 수도 없이 많은, 토성 둘레를 도는 작은 파편들로 이루어졌어. 파편 중에는 집채만큼 큰 것들도 있지만, 대부분은 그보다 훨씬 작아. 심지어 먼지 알갱이만 한 것도 많지. 이 파편들 가운데 상당수는 얼음으로 뒤덮여 있어서 태양의 빛을 반사해. 멀리 떨어진 곳에서 이 작은 파편들이 뭉쳐 있는 것을 보면 마치 빈틈없이 빽빽한 하나의 덩어리처럼 보여.

토성은 맨눈으로 볼 수 있다고 해도 그저 밝은 빛의 점으로밖에 안 보여. 토성의 고리를 처음 본 것은 최초로 망원경을 통해 토성을 관찰한 사람들(예를 들면 갈릴레오)이었어. 하지만 초기의 망원경으로는 그 고리들이 무엇인지 확실히 알 수가 없었지. 거의 둥근 모양이 되었다가 길게 늘었다가 하면서 크기와 모양이 바뀌는 것처럼 보였으니까. 심지어는 이따금씩 사라져 버리는 것도 같았어. 빛깔은 굉장히 아름다웠는데, 특히 분홍색과 청록색, 황갈색이 두드러졌지.

토성의 고리는 우리가 직접 만들어 볼 수 있어. 스스로 만든 모형으로 토성의 고리가 어떻게 모양을 바꾸는 것처럼 보이는지 알아보렴.

〈종이처럼 얇아 보이는 토성고리〉

토성 고리는 태양계 고리들 가운데 가장 크고 화려해. 망원경이 발명되면서 처음으로 토성 고리는 우리 눈에 띄었어. 고리 안쪽에서 가장 바깥쪽까지 거리가 9만 킬로미터가 넘는다고 해. 고리의 두께는 5~30킬로미터 정도인데, 토성에 견주면 종잇장처럼 얇게 보이지. 토성의 고리는 발견한 순서에 따라 A고리부터 G고리까지 있어. 이 가운데 가장 잘 보이는 고리가 C와 B, A고리야.

스스로 만들어 보는
행성 고리 모형

가는 쇠막대기나 연필

접착제

가운데 구멍이 뚫린 플라스틱 원반(못쓰는 CD)
〈공작 본 A(165쪽)를 대고 깨끗한 플라스틱 조각을 잘라서 써도 돼. 아니면 CD나 DVD 통 맨 위에 있는 투명 원반이나 못쓰게 된 CD를 써도 좋아.〉

반으로 자를 수 있는, 지름 4센티미터쯤의 둥근 점토 덩어리 2개
〈지름이 4센티미터 정도 되게 풍선을 불고, 거기에 종이 찰흙을 발라서 종이 공을 만들어도 돼.(24쪽을 참고)〉

약가루 ― 고운 흙이나 모래, 밀가루, 설탕 같은 것 (반짝이는 것도 좋아)

점토

손전등

❶ 먼저, 점토로 공을 만들어 둬. 가는 쇠막대기나 연필을 원반 구멍에 넣어, 반대쪽으로 2~3센티미터쯤 나오게 해. 점토를 발라 움직이거나 빠지지 않게 해.

❷ 한 손으로 막대기를 잡고 원반을 천천히 팽이처럼 돌려. 돌리면서 원반의 한 지점에 접착제를 조금 발라. 접착제 튜브를 그대로 댄 채 원반을 돌려서 접착제로 고리를 만드는 거야.

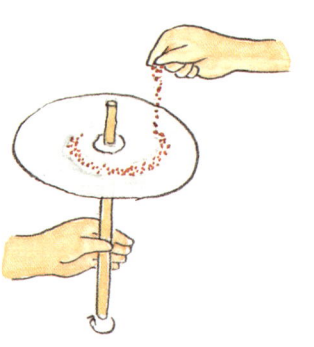

❸ 원반을 조심스럽게 돌리면서 접착제 고리 위에 가루를 뿌려. 고리의 부분별로 다른 빛깔을 써도 돼. 토성 고리들과 비슷한 빛깔을 띤 흙을 찾아보거나, 식용 물감을 써도 좋아.

❹ 하고 싶은 만큼 2단계와 3단계 작업을 되풀이하여 여러 개의 다른 고리를 만들어. 각각 색이 다른 가루들을 이용하여 고리마다 다른 빛깔을 낼 수 있

어. 접착제에 붙지 않은 가루는 불어서 날려 버리고, 새로 접착제를 바르기 전에 완전히 말려. 제대로 된 토성 모형을 만들고 싶으면 공작 본 A를 이용해 고리를 앉히는 게 좋아.

❺ 맨처음 원반에 꽂은 막대기를 빼. 미리 점토로 만든 공을 반으로 잘라, 하나는 구멍이 있는 원반 위쪽 한가운데에 붙이고, 나머지 반은 원반 아래쪽 한가운데에 붙여. 진짜 토성처럼 모형을 만들고 싶다면 토성 사진을 보면서 고리에 색칠을 해도 좋아.

❻ 완성된 모형은 막대기에 고정시키거나 실에 매달아 걸어 봐. 불을 끄고 멀리서 손전등으로 비춰 봐도 좋고. 그러면 자잘한 알갱이들이 어떻게 단단한 물체로 보이는지 알 수 있을 거야. 토성의 고리가 그런 것처럼 말이야. 한 가지 주목할 것은, 모형을 옆에서 똑바로 보면 고리들이 거의 사라져 버린다는 점이야. 실제 토성의 고리는 토성 크기에 견주어 굉장히 얇아. 그 비율을 생각하면 우리가 만드는 모형의 고리들은 훨씬 더 얇아야 해. 이제 모형을 살짝 기울여 보렴. 모형이 기울어지면 고리들은 더 크게 보일 거야. 그 모습이 바로 지구에서 보이는 토성의 모습이야.

아하! 그렇구나!

네 개의 목성형 행성들, 곧 목성, 토성, 천왕성, 그리고 해왕성은 모두 고리를 가지고 있어. 토성의 고리들은 그 가운데서도 가장 크고 눈에 잘 띈단다.

 ## 달의 위상

달은 여러 단계의 위상(位相)을 거쳐. 그러면서 마치 모양이 바뀌는 것처럼 보이지. 그런 변화는 한 달 동안 일정한 순서대로 일어나. 우리가 달로 시간을 따지는 것도 바로 달의 그런 특성 때문이야. 달은 언제나 똑같은 모양과 크기를 하고 있는데도, 점점 커지는 것(참)처럼 보이기도 하고, 점점 작아지는 것(기욺)처럼 보이기도 해. 하지만 이것은 사실 지구와 달, 태양의 위치의 변화, 그리고 달에서 반사되는 빛에서 비롯된 착각일 뿐이야.

우리는 흔히 '달빛'이나 '환한 달' 같은 말을 써. 그러나 달은 스스로는 아무런 빛도 내지 못해. 우리가 보는 달빛은 실제로는 달에 비친 햇빛일 뿐인 거야.

위상 : 어떤 사물이 다른 사물과 관계 속에서 보이는 위치나 상태.
지구에서 보았을 때, 태양빛을 받는 천체의 부분이 달라지면서 변화하는 천체의 겉모습.

실험1

스스로 만들어 보는
달의 위상 모형

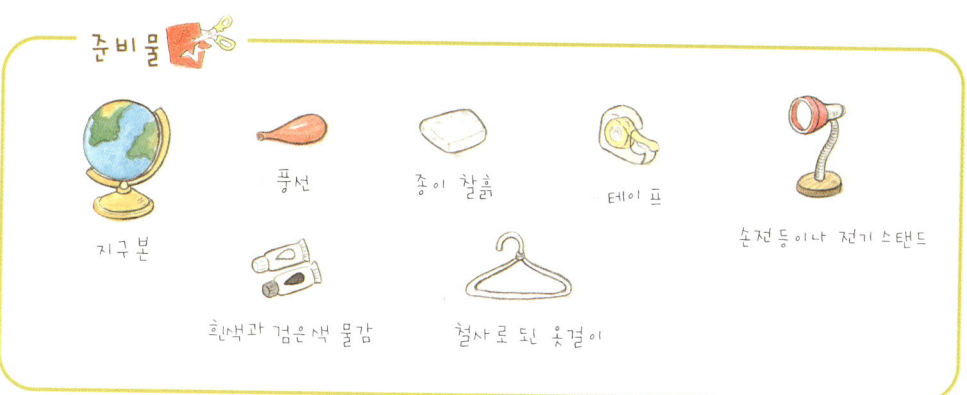

준비물: 지구본, 풍선, 종이 찰흙, 테이프, 손전등이나 전기 스탠드, 흰색과 검은색 물감, 철사로 된 옷걸이

❶ 풍선을 불어 달 모형을 만들고 종이 찰흙을 발라. 달은 지름이 지구의 4분의 1쯤 되니까, 달 모형도 가지고 있는 지구본의 4분의 1 정도가 되게 만들어야 해. 그러니까, 지구본의 지름이 40센티미터라면 달 모형의 지름은 약 10센티미터로 하는 식이지. 종이 찰흙이 마르면 모형을 달처럼 하얗게 칠해. 그 다음, 크레이터와 '마리아'라는 검은 부분을 표시해.

❷ 옷걸이의 한쪽 끝을 고리 모양으로 구부려 지구본 받침대에 감아. 옷걸이의 나머지 부분을 구부려 ㄴ자 모양으로 만들고 달 모형을 옷걸이의 다른 한쪽 끝에 고정시켜. 우리가 만드는 모형은 달과 지구 사이의 거리를 생각하지 않은 것이라는 점에 유의해. 실제 거리를 40센티미터 지구본에 적용하면 달 모형은 100미터도 더 떨어져 있어야 해.

❸ 손전등이나 전기스탠드를 평평하고 단단한 바닥에 설치하고 달 모형을 비춰. 불빛이 지구본을 넘거나 지나 달 모형까지 비출 수 있는지 확인해야 해. 이 불빛이 태양 구실을 하는 거니까. 물론 진짜 태양은 지구와 달보다 엄청나게 크고 훨씬 더 멀리 떨어져 있지.

❹ 전등을 켜고 방 안의 다른 등은 모두 꺼. 그런 다음 불빛이 지구본에 비치도록 지구본과 달 모형을 움직여. 달을 지구본 둘레로 회전시키며, 지구와 달의 위치에 따라 달의 모양이 어떻게 바뀌어 보이는지 관찰해 봐.

아하! 그렇구나!

사람 얼굴처럼 보이는 달 표면의 어두운 부분들은 마리아(바다들)와 고원들이 햇빛을 반사하는 양이 달라서 생기는 거야. 그런데 어떤 곳(문화권)에서는 이 얼룩 모양을 사람 얼굴이 아니라 토끼나 개구리 같다고 생각한다고 해.

궤도를 따라 도는 달 모형

태양계의 구조를 이해하려면 먼저 궤도를 알아야 해. 행성, 소행성, 그리고 혜성은 태양 둘레의 궤도를 따라 돌아. 반면 달들은 행성의 둘레를 돌지. 지구의 달은 지구 둘레의 궤도를 따라 움직이고, 몇 십 개나 되는 목성의 달은 목성 둘레의 궤도를 돌아. 그렇다면 이 궤도라는 것은 무엇일까? 왜 천체들은 궤도를 따라 움직이는 것일까?

어떤 물체가 궤도에 머무는 것은 자신에게 작용하는 힘 때문이야. 뉴턴의 제1 운동법칙에 따르면, 물체는 무언가가 밀치거나 잡아당겨서 방해하지 않는 한 직선으로 운동하려는 성질이 있어. 행성과 달이 그 성질을 억누르고 궤도를 유지하는 것은 바로 중력과 운동량이라는 힘 때문이야.

뉴턴은 두 물체의 중력은 서로 잡아당긴다고 주장했어. 하지만 아인슈타인에 따르면 두 물체의 질량은 사실은, 공간과 시간을 구부린다고 해. 그래서 행성이나 별이 '중력 우물'을 만들어 내고, 궤도를 도는 행성이나 달은 이 우물에 빠져들어 간다는 거야.

뉴턴이 생각한 우주에서는 중력이 두 물체를 서로 끌어당기지. 마치 보이지 않는 밧줄이 연결되어 있는 것과 같아. 하지만 아인슈타인은, 우주 공간은 비어 있는 게 아니라 하나의 물질이라고 생각했어. 어떤 물체의 질량에 따라 모양이 만들어지는 물질이라는 거지. 이 우주 모형에서는 천체들이 자신들의 질량으로 생긴 구부러진 공간에 빠져들게 돼. 하지만 행성이나 달은 매우 큰 운동량을 가지고 있어서, 자신들보다 큰 천체로 떨어지지 않고 그 둘레를 자꾸 돌 수 있어. 최소한 잠깐 동안이라도 말이지.

천체가 운동량이 너무 많으면 더 큰 천체 둘레를 몇 번 돌고서 중력 우물을 탈출할 수도 있어. 그 천체를 지나쳐 운동을 쭉 하는 거지. 하지만 중력과 운동량의 크기가 딱 균형을 이루면, 작은 천체는 큰 천체 둘레에서 안정된 궤도를 이루고 오랫동안 돌게 돼.

아하! 그렇구나!

유성체, 곧 태양계 안의, 먼지와 바위로 된 작은 물체들은 운동량이 너무 작아서 지구의 대기로 떨어질 수 있어. 그렇게 되면 대기를 통과할 때 타 버리면서 별똥별이 돼. 이때 다 타지 않고 일부가 남아 지구에 떨어지면, 그것을 운석이라고 하지.

뉴턴의 주장에 따라 지구의 '중력우물' 안에서 공전하는 달의 모습.

중력 우물 : 물체의 질량에 의해 만들어진 시공간의 얼개 속의 구부러진 부분. 이 안으로 다른 물체가 빠져듦.

유성체 : 태양 주위를 도는 바윗덩어리.

운동량 : 움직이는 물체가 갖는 힘. 움직이는 방향으로 작용함.

실험 1

직접 해보기
지구를 도는 달의 궤도

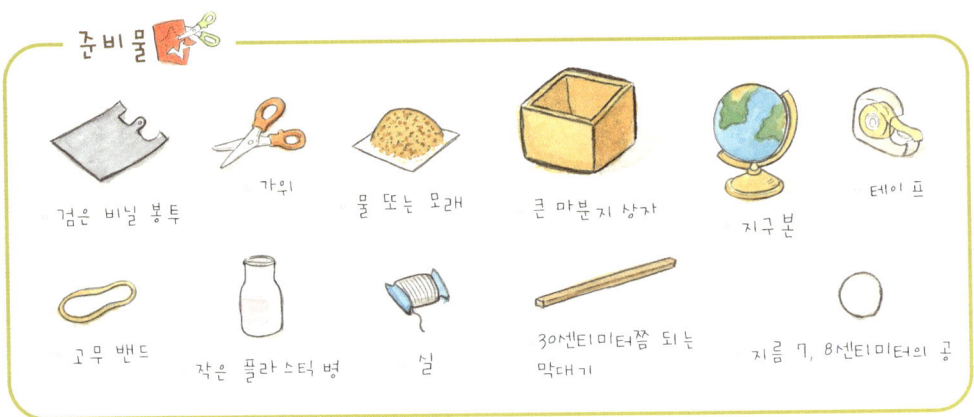

준비물: 검은 비닐 봉투, 가위, 물 또는 모래, 큰 마분지 상자, 지구본, 테이프, 고무 밴드, 작은 플라스틱 병, 실, 30센티미터쯤 되는 막대기, 지름 7, 8센티미터의 공

❶ 비닐봉지를 잘라 넓게 펼쳐. 비닐 한가운데를 손가락으로 집고 그 바로 아랫부분을 고무 밴드로 감아.

❷ 플라스틱 병에 물이나 모래를 채우고 고무 밴드로 감은 비닐 한가운데 부분에 묶어. 그 병을 마분지 상자 안 중앙에 놓아.

❸ 비닐을 잡아당겨 마분지 상자를 덮어. 병이 상자의 한가운데에서 비닐을 잡아 내리도록 비닐을 잘 당겨 조정해. 이 비닐이 공간과 시간의 얼개를 나타내고, 그 중앙은 지구의 질량이 만들어 낸 중력 우물을 가리켜.

❹ 지구본을 비닐의 중앙에, 그러니까 '중력 우물' 안에 올려놓아. 테이프로 지구본의 꼭대기에 막대기를 세워 고정해. 그리고 막대기 끝에서 1센티미터쯤 아래 지점을 테이프로 여러 번 감아.

❺ 실 한쪽 끝을 묶어 헐렁한 고리를 만든 다음, 테이프를 볼록하게 감은 막대기 위쪽에 끼워. 실 고리는 막대기 둘레를 빙빙 돌 수 있을 만큼 헐렁해야 해. 하지만 너무 헐렁해서 테이프 아래로 미끄러져 내리지 않도록 주의할 것.

❻ 실의 다른 쪽 끝을 공에 붙여. 이때 실의 길이는 공이 중력 우물의 안쪽을 따라 구를 수 있을 정도여야 해.(실제 비율대로 모형을 만든다면 실의 길이는 적어도 90미터는 되어야 할 거야.)

❼ 달을 지구 둘레로 흔들어 돌려 봐. 그리고 한 번에 몇 바퀴나 궤도를 따라 도는지 알아봐. 제대로 궤도를 따라 도는 것은 겨우 몇 번밖에 안 될 텐데, 그건 이 모형 달이 진짜 달의 운동량을 가지고 있지 않기 때문이야. 운동량은 그 물체가 얼마나 큰가, 얼마나 빨리 움직이는가에 따라 결정돼. 또한 비닐 위의 공과 막대기에 감긴 실이 일으키는 마찰 때문에 공의 속도가 느려질 거야. 그렇다고 해도 중력과 운동량이 궤도를 어떻게 만들어 내는지 알아보는 데는 문제가 없어.

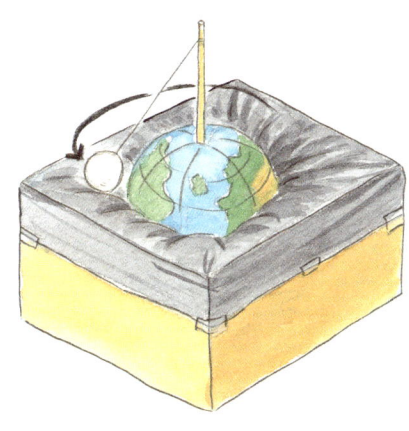

지구 중심주의와 태양 중심주의

혹시 지구가 움직이는 것을 본 적이 있니? 아마 없을 거야. 왜냐면 우리가 서 있는 곳이 바로 움직이고 있는 지구 위이거든. 그럼 태양이 움직이는 건 본 적 있니? 어쩌면 그렇다고 대답하는 사람이 있을지도 모르겠어. 우리 눈에는 분명 태양이 아침에 동쪽에서 떠올라 저녁이면 서쪽으로 지는 것처럼 보이니까. 그래서 상식에 따라 생각하면 태양이 지구 둘레를 돌고, 지구는 그냥 가만히 있는 것 같아. 사실 오랜 세월 동안, 사람들은 그게 맞다고 생각했어. 하지만 과학은 때때로 우리가 '상식'이라고 여기는 것이 사실은 거짓임을 증명해 주지. 그것이 바로 과학이 아름답고 놀라운 이유들 가운데 하나야.

> ### 지구 중심이냐, 태양 중심이냐?
>
> 태양과 행성들이 지구 둘레를 도느냐, 아니면 지구를 비롯한 행성들이 태양 둘레를 도느냐는 과학의 역사에서 대단히 중대한 논쟁이었어. 앞의 주장을 '지구 중심주의', 뒤의 주장을 '태양 중심주의'라고 하지.

지구에서 보면 행성이든 달이든 태양이든 모두 우리를 에워싼 궤도를 따라 움직이는 것처럼 보여. 그러나 행성의 움직임을 자세히 관찰해 보면 사정이 좀 복잡해져. 가끔 행성들이 자기 궤도에서 거꾸로 움직이는 것처럼 보일 때가 있기 때문이야. 이것을 보통 '역행'이라고 해. 고대 그리스의 천문학자인 프톨레마이오스는, 행성들이 지구 둘레를 돌면서 동시에 자전을 하는 투명한 수정 구 위에 각각 붙어 있어서 그런 움직임이 나타난다고 생각했어. 그러니까 행성들이 거꾸로 가는 것처럼 보이는 것은 그 행성들이 각자의 구 위에서 회전하며 우리 쪽에서 멀어지기 때문이라는 거였지. 프톨레마이오스는 구가 회전하는 속도, 그리고 지구 둘레를 도는 속도를 바탕으로 행성이 어느 곳에 있을지 예측할 수 있었다고 해.

하지만 다른 천문학자들은 지구를 비롯한 행성들이 태양을 중심으로 돈다고 생각했어. 코페르니쿠스도 그 가운데 하나였지. 그는 프톨레마이오스의 것과 마찬가지로 행성들의 운동을 예측할 수 있는 태양 중심의 태양계 모형을 만들었어. 그 모형에서도 행성들은 여전히 완전한 원을 그리며 움직이고 구 위에서 회전해. 하지만 프톨레마이오스의 모형과 달리 중심에 있는 것은 지구가 아니라 태양이었어.

또 다른 천문학자인 요하네스 케플러는 스승 티코 브라헤와 함께, 태양의 둘레를 도는 행성들의 궤도 모양이 완전한 원이 아니라 타원이라는 사실을 알아냈어. 그리고 코페르니쿠스의 모형을 개선했지. 이렇게 해서 다른 행성들의 역행이 또렷하게 설명되었어. 덕분에 프톨레마이오스가 말한 보이지 않는 수정 구는 사라져 버릴 수밖에 없었지.

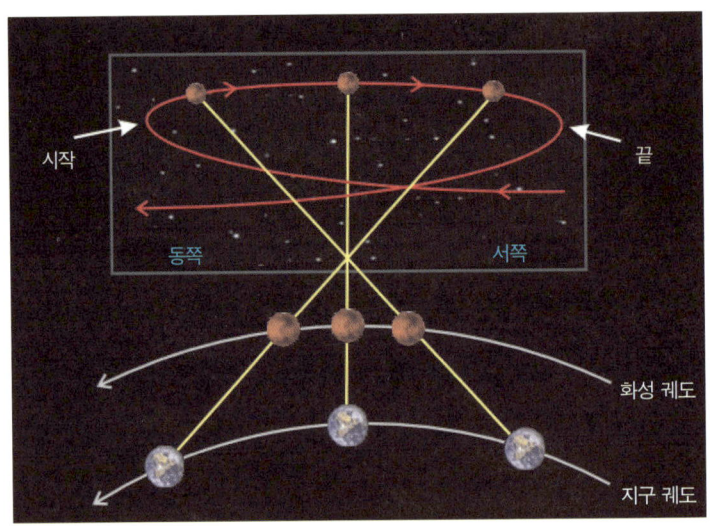

〈역행하는 화성〉

지구에서 봤을 때, 화성이 서쪽에서 동쪽으로 움직이다가 잠깐 반대 방향으로 움직이는 역행 현상을 설명하는 그림이야.

행성들은 보통 하늘에서 배경이 되는 별들에 대해 서쪽에서 동쪽으로 움직여. 그런데 주기적으로 잠깐 동쪽에서 서쪽으로 움직이는 때가 있어. 이 현상을 역행 운동이라 해. 역행 운동은 관찰 시점의 차이 때문에 생긴다고 해.

낱말 콕콕

역행 : 보통의 방향과 반대 방향으로 거슬러 나아감.

실험 1

직접 해보기
지구 중심 모형과 태양 중심 모형

❶ 큰 마분지 두 장을 펼쳐 놓고, 하나에는 '지구 중심', 또 하나에는 '태양 중심'이라고 표시해. '지구 중심'이라고 쓴 마분지 한가운데에 30센티미터쯤 되는 막대기를 세우고, 그 위에 구슬이나 공을 하나 붙인 다음 '지구'라고 써.

❷ 마분지에서 작은 동그라미 모양 두 개를 오려내. 그것들을 한 7센티미터쯤 되는 짧은 막대의 위아래에 붙여서 아령 모양으로 만들어. 한쪽 동그라미(이것은 밑받침으로 쓰일 거야.)를 바닥에 대어 막대기를 세우고, 위쪽 동그라미의 가장자리(끝)에 구슬을 하나 붙여. 이것은 행성을 나타내게 될 거야. 좀 더 행성처럼 보이게 하고 싶으면 종이 찰흙을 바르고 색칠을 해서 꾸미면 돼. 마분지 동그라미는 행성이 그 안에서 회전하는 구를 나타내. 거기에 '달'이라고 써 둬. 그리고 짧은 실을 막대기에 매는데, 실의 고리는 마분지 동그라미가 회전할 수 있을 정도로 헐렁하게 묶어. 실의 한쪽 끝은 지구 중심 모형의 '지구'라고 쓴 막대에 묶어.

준비물
- 마분지 큰 것 두 장, 그보다 작은 것 몇 장
- 매직펜이나 물감
- 가위
- 접착제
- 테이프
- 구슬 16개 또는 작은 공 여러 개
- 실
- 막대(연필, 빨대 여러 개, 젓가락, 긴 성냥개비나 꼬챙이)

45

❸ 앞 둘째 단계를 여섯 번 더 해. 다만 할 때마다 막대기를 조금씩 높게, 실을 조금씩 더 길게 해. 그래야 지구에서 더 먼 행성에 연결된 실이 지구와 더 가까운 행성들을 지나갈 수 있으니까. 지구에서 멀어지는 행성들에는 다음과 같은 순서로 표시를 하면 돼. 수성, 금성, 화성, 태양, 목성, 토성.(옛날 사람들은 천왕성과 해왕성은 몰랐어) 실이 팽팽해질 때까지 각 막대를 지구에서 먼 쪽으로 잡아당겨. 이제 행성들을 지구 둘레의 둥근 궤도를 따라 움직일 수 있고, 동시에 각자의 '구' 안에서 돌릴 수 있어.

❹ 이제 '태양 중심'이라고 표시된 다른 마분지에, 공 하나를 붙인 막대기를 세워. 이것은 태양을 나타내. 세우는 자리는 중심에서 조금 비켜난 곳이어야 해. 그리고 꼭지에 아무것도 안 붙인 다른 막대를 태양에서 10센티미터쯤 떨어진 자리에 세워. 이 두 지점은 타원의 초점을 나타내.

❺ 막대와 밑받침으로 된 또 다른 행성들을 만들고 각각 수성, 금성, 화성, 목성, 토성이라는 딱지를 붙여. 앞에서 만든 것들과 달리, 이 행성들은 막대 위에 큰 마분지 동그라미, 그러니까 '구'가 필요 없어.(케플러의 모형에는 역행을 설명하기 위한 구가 없어도 돼.) 태양에서 멀리 있는 행성일수록 실을 길게 하는 건 잊지 않았겠지?

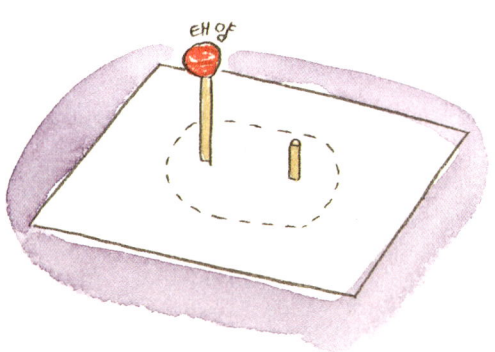

❻ 막대기 하나를 골라, 위와 아래에 각각 마분지 동그라미를 붙여. 동그라미 한가운데에 지구를 올려놓고, 동그라미 바깥에 달을 놓아. 태양 중심 모형에서 달은 엄연히 하나의 천체로서 지구의 궤도를 따라 움직이게 돼. 이 지구와 달 세트는 금성의 것보다는 높게, 그리고 화성의 것보다는 낮게 만들어야 해.

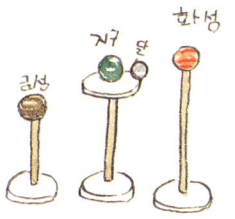

❼ 태양에 실의 한쪽 끝을 묶고, 그 실을 수성 모형의 막대에 한 번 감아. 그런 다음 다른 쪽 끝을 다른 초점에 고정하는 거야. 이제 수성을 줄이 팽팽해지도록 두 개의 초점에서 잡아당기고, 그 초점들을 에워싼 궤도를 따라 행성을 움직여 봐. 이렇게 하면 태양 둘레에 타원형의 궤도가 만들어져.

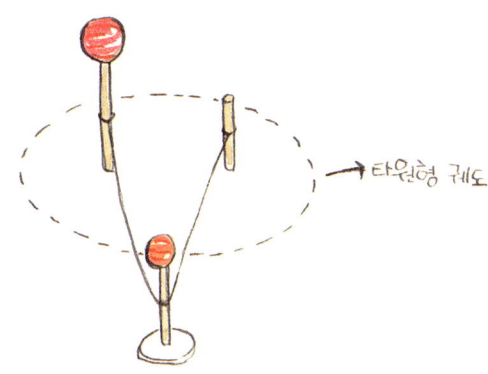

❽ 다음과 같은 행성 순서대로 앞 7단계를 되풀이해. 금성, 지구, 화성, 목성, 그리고 토성. 각 행성의 실의 길이는 바로 앞의 행성보다 길어야 한다는 것을 명심해.

완성된 두 가지 모형을 비교해 봐. 어느 것이 더 간단한 것 같지? 두 모형 모두 꽤 오랫동안 행성들의 운동을 잘 설명해 주었지만, 하나는 보이지 않는 구를 추가해야 했어.

 혜성의 꼬리는 어떻게 만들어질까?

혜성은 '먼지투성이 눈뭉치'야. 먼지와 흙이 뒤섞여 있는, 언 물과 메탄 얼음의 덩어리니까. 수많은 그런 덩어리들이 태양 둘레를 돌고 있는데, 그 가운데 상당수는 '오르트 구름'이라고 하는 태양계 바깥쪽 행성 무리를 한참 지난 곳에 있어. 어쩌면 태양에서 5만에이유(AU) 떨어진 곳까지 뻗어 있을지도 몰라. '오르트'라는 이름은 천문학자인 얀 오르트에게서 따왔지. 나머지 혜성들은 카이퍼 띠라고 하는 좀 더 가까운 천체 무리에서 나오는 것일 수도 있어.

천문학자들은 다른 혜성들의 중력에 의해 밀쳐지거나 잡아당겨져 카이퍼 띠나 오르트 구름에서 혜성들이 생길 수 있다고 생각해. 그리고 바로 그런 혜성들이 태양과 지구에 가까운 궤도로 떨어져 들어가는지도 모른다는 거지. 혜성은 태양에 가까이 다가갈수록 우리 눈에 더 잘 보여. 혜성에 반사되어 나오는 빛이 덜 흩어지는 데다, 태양풍으로 꼬리가 길게 '자라'나기 때문이야.

그렇다면 태양풍이란 무엇일까? 태양은 빛을 내뿜는 것 말고도 전기를 띤 매우 작은 알갱이들(대부분 수소와 헬륨 원자임)을 대량으로 끊임없이 발산해. 바로 이 현상을 태양풍이라고 하지. 태양풍의 원인은 태양 안쪽에서 거세게 일어나는 핵반응이야. (물론 태양 '풍'이라고 해서 지구에서 부는 바람과 같은 것은 아니야. 지구의 바람은 뜨겁거나 찬 공기가 이리저리 돌아다니면서 생기는 것인데, 지구 밖 우주에는 공기가 전혀 없으니까. 게다가 태양풍은 오직 한 방향으로만, 그러니까 태양에서 멀어져 가는 식으로만 '불'거든.)

태양풍이 혜성과 부딪치면 아주 흥미로운 일이 벌어져. 태양풍을 이루는 원자 알갱이들이 혜성의 일부 얼음과 먼지를 떨어뜨리는 거야. 그리고 바로 그것들이 날아가는 혜성 뒤쪽으로 길게 늘어지면서 '꼬리'를 이루어. 그 꼬리에 태양빛이 반사되어 우리 눈에 띄게 되고.

이런 효과를 모형으로 만들어 볼 수 있어.

 아하! 그렇구나!

역사를 살펴보면, 혜성이 전쟁이나 굶주림, 또는 전염병 같은 나쁜 일들이 일어날 징조라고 믿은 사람들이 있었어. 오늘날 우리는 그런 것들이 혜성과 아무 상관이 없으며, 하늘에 혜성이 나타난다고 해도 전혀 무서워할 까닭이 없다는 사실을 잘 알고 있어. 하지만 혜성이 실제로 지구에 부딪치기라도 한다면 얘기가 달라질 수 있어. 1908년에 작은 혜성 조각 하나가 러시아의 퉁구스카 근처의 대기를 강타했을 때, 그 폭발은 주변의 나무 약 8천만 그루를 쓰러뜨려 버릴 정도로 엄청났거든.

실험1

직접 해보기
태양풍 모형

❶ 선풍기와 접시를 어두운 방의 탁자 위에 올려놓고, 선풍기 바람이 접시 위쪽으로 지나가도록 방향을 맞춰. 선풍기 바람은 태양풍을 나타내.

❷ 접시에 드라이아이스를 놓아. 이때 드라이아이스는 절대 맨손으로 만지면 안 돼! 드라이아이스는 우리가 아는 얼음보다 훨씬 차가워서 쉽게 동상에 걸릴 수 있거든.(동상은 우리 몸의 세포 속의 물이 얼어서 생기는 증상이야.) 그래서 드라이아이스를 옮길 때는 반드시 두꺼운 장갑이나 집게를 써야 해.

❸ 드라이아이스와 접시에 물을 조금 붓고 선풍기를 틀어. 방 안의 전등을 끄고 손전등을 켜. 그리고 드라이아이스와 그 뒤에서 흘러나오는 증기 꼬리에 직접 비춰. 그런 다음 얼음 덩어리에 어떻게 꼬리가 '자랐'는지 살펴보면 돼.

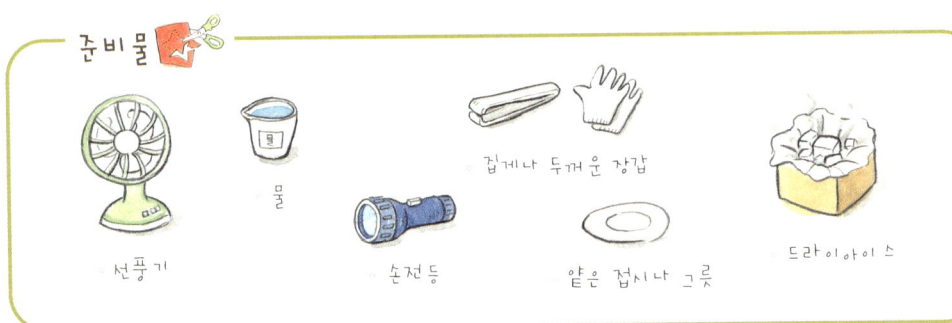

준비물: 선풍기, 물, 손전등, 집게나 두꺼운 장갑, 얕은 접시나 그릇, 드라이아이스

크레이터

　망원경으로 달 표면을 관찰하다 보면 마치 파인 흔적 같은 '크레이터'들을 볼 수 있어. 그런 크레이터는 암석으로 이루어진 행성과 달이라면 대부분 가지고 있지. 지구에도 크레이터가 많이 있어. 다만 오랜 세월 동안 바람과 물에 깎여 쉽게 찾아볼 수는 없을 뿐이지. 그렇다면 이런 크레이터들은 도대체 어떻게 해서 생기는 것일까?

　크레이터가 생기는 방식은 두 가지야. 먼저 충돌로 생기는 것이 있어. 혜성이나 유성체 같은 천체가 달이나 행성에 떨어져 세게 부딪치면 그 자리에 구멍이 남는데, 바로 그것이 크레이터가 되는 거지. 잘 살펴보면 우리 둘레에도 그렇게 만들어진 유성체 크레이터가 있을지 몰라.

또 하나의 방식은 화산 활동으로 생기는 거야. 화산 속의 뜨거운 기체와 녹은 암석(마그마라고 하지)이 큰 압력을 받아 행성의 표면을 뚫고 분출하면서 크레이터가 생겨나지. 하지만 모든 행성이나 달에서 화산 활동이 벌어지는 것은 아냐. 만약 어떤 행성이나 달에 화산 크레이터(충돌 크레이터와는 다르게 생겼어)가 있다면, 옛날에 그 행성이나 달의 표면 아래에 한동안 마그마가 녹아 있었다고 짐작할 수 있어. 달과 그 밖의 태양계 행성들을 잘 관찰해 봐. 어떤 크레이터가 보이니? 화산 활동이 있었을 것 같은 천체가 있니?

이제 이 두 가지 분화구를 모형으로 만들어 보자.

〈달 크레이터〉
달에는 분화구처럼 생긴 이런 크레이터들이 많아. 지름이 1킬로미터가 넘는 크레이터만 해도 수십만 개가 넘는다고 해.

실험 1

직접 해보기
크레이터

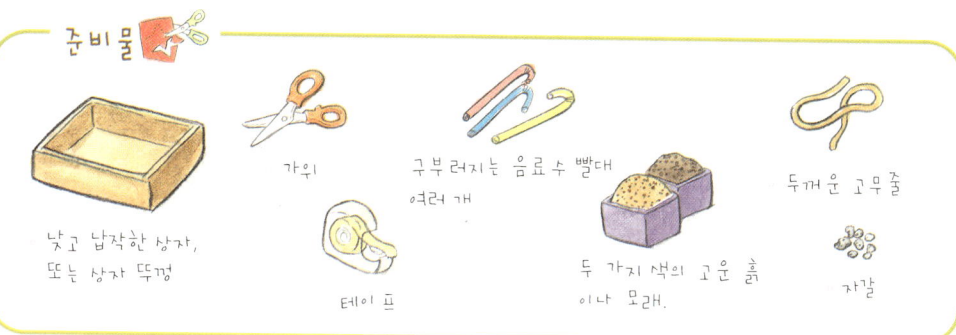

준비물: 낮고 납작한 상자 또는 상자 뚜껑, 가위, 구부러지는 음료수 빨대 여러 개, 테이프, 두 가지 색의 고운 흙이나 모래, 두꺼운 고무줄, 자갈

❶ 상자 옆면에 빨대가 들어갈 만한 작은 구멍을 내. 구부러지는 쪽을 바깥쪽에 둔 채 빨대를 구멍에 넣은 다음, 바깥쪽 빨대 끝은 위쪽으로 구부려. 또 다른 빨대의 한쪽 끝을 우그러서 상자 안쪽 빨대 끝에 끼워 넣어. 그런 다음 반대쪽 끝을 역시 위쪽으로 구부려. 마지막으로 두 빨대가 이어지는 부분을 테이프로 상자 바닥에 붙여.

❷ 상자에 모래나 고운 흙을 거의 다 차도록 담아. 상자 안의 구부린 빨대 끝도 덮여야 해. 빨대가 흙 밖으로 튀어나오면 가위로 잘라 흙 속에 묻히게 해. 빛깔이 다른 모래나 흙을 먼저 간 흙 위에 얇은 두께로 덮어.

❸ 고무줄을 갈라진 막대(새총)의 양 끝에 묶어. 새총이 없으면 엄지와 검지손가락에 묶거나 걸어도 돼.

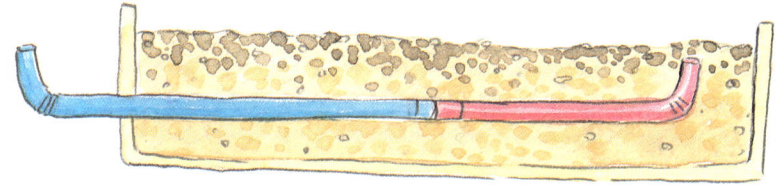

❹ 빨대를 입에 물고 세게 불어서 화산 크레이터를 만들어 봐. 입에서 나오는 바람이, 폭발을 통해 행성의 표면 아래에서 빠져나오는 기체인 셈이야.

❺ 이번에는, 새총으로 상자의 모래 위에 자갈을 쏴서 충돌 크레이터를 만들어 봐. (새총이나 고무줄이 없으면 맨손으로 던져도 돼.) 크기가 다른 돌로 여러 각도에서 쏘아 여러 가지 충돌을 실험해 보면 좋아. 밑에 깔린 흙의 빛깔이 어떻게 드러나는지, 그리고 어떤 모양의 크레이터가 만들어지는지 살펴봐. 서로 다른 두 가지 크레이터가 어떻게 나타나는지 관찰해. 달은 여러 해 동안 몇 천 번이나 충돌이 있었고, 크레이터 안에 또 크레이터가 생기는 일도 많았어. 이미 생긴 크레이터의 가장자리에 자갈을 쏘아 충격이 어떻게 겹쳐서 나타나는지 살펴봐.

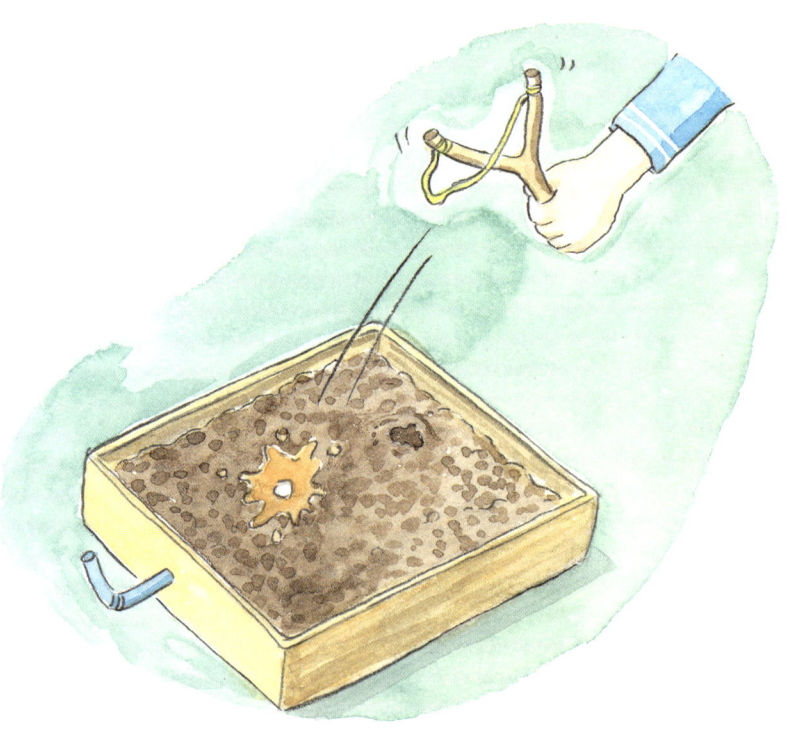

보너스 실험활동 : '달' 사진 찍기

디지털 카메라가 있으면 직접 만든 크레이터 상자를 아주 가까이에서 찍어 봐. 새총으로 쏜 자갈들은 들어내는 게 좋아. 자갈을 집을 때 크레이터가 무너지거나 손가락 자국이 남지 않도록 조심해.(달의 크레이터를 만든 진짜 유성체들은 대부분 충돌의 충격으로 부서지지만, 일부는 부스러기로 남아 크레이터 중앙에 쌓여 작은 더미를 이루기도 해.) 찍은 사진을 컴퓨터에 올려 봐. 사진 편집 프로그램을 이용하여 크레이터 상자 사진을 가능하면 달처럼 보이게 만들어. 마분지 상자의 가장자리를 잘라내고, 빛깔을 흑백으로 바꾸면 좋아. 다른 필터와 도구로 작업을 해 보면서 사진이 진짜 달 사진처럼 보이는지도 살펴봐. 그런 다음 가장 좋은 것을 인쇄하는 거야. 그것을 다른 사람들에게 진짜 달 사진이라면서 보여줘 봐. 사람들이 속으면 사실은 집에서 만든 것이라고 살짝 말해 줘.

소행성 띠

태양계 안의 화성과 목성 사이에는 커다란 소행성 무리가 있어. 소행성이란 암석으로 이루어진 작은 천체로, 태양 둘레를 도는 행성의 일종이야. 태양계 소행성의 상당수는 화성과 목성 사이의 공간에 모여 있어. 크게 보면 고리 모양을 이룬 채 태양 둘레를 돌기 때문에 '소행성 띠'라고 하지.

어떤 천문학자들은 이 소행성들이 옛날에 그 궤도 자리에 만들어졌던 행성의 일부였을지 모른다고 추측하고 있어. 그러니까 그 행성이 목성의 중력 때문에 산산이 부서져서 소행성 띠가 만들어졌다는 거지. 반면에 다른 학자들은 애초부터 목성의 중력 때문에 행성이 생겨나지 못했을 거라고 생각해. 있었을 수도 있고 없었을 수도 있는 이 가정된 행성에도 이름이 붙어 있어. 바로 '파에톤'이야.

둥글어질 수 있을 만큼 큰, 천체

행성은 태양의 둘레를 돌며, 둥글어질 수 있을 만큼 충분히 큰 천체라고 정의하기도 해. 태양의 둘레를 도는 천체는 몇 천 개나 되고, 모양이나 크기도 가지가지야. 소행성들과 혜성들은 마치 땅콩이나 감자처럼 대부분 모양이 불규칙하지. 이 천체들은 모두 '부착'이라는 과정을 통해 만들어졌어. 우주에서 크고 작은 물질 조각들은 서로 중력에 이끌려 부딪치게 돼. 그러면서 일부가 뭉쳐져 덩어리가 되고, 거기에 다시 부스러기나 조각들이 충돌해 점점 커지는 거지. 이걸 '부착'이라고 해. 하나의 소행성은 그런 충돌이 몇 천 번씩 일어나면서 만들어졌을 거야.

일단 이러한 수많은 충돌로 만들어진 소행성이 충분히 커지면, 그 안의 중력이 소행성 자체를 끌어당겨 둥근 모양으로 만들어. 그럴 수 있는 적당한 크기는 천체의 성분, 그러니까 그 천체가 어떤 광물로 이루어졌는지에 달려 있어.

어떤 천문학자들은 행성에 대한 이런 정의를 탐탁지 않게 여겨. 왜냐 하면, 그 정의에 따른다면 지금은 '난쟁이 행성'이라고 부르는 명왕성이나 세레스, 에리스 같은 작은 천체들도 둥글어질 수 있을 만큼 충분히 크기 때문에 행성이라고 불러야 맞거든.

세레스는 가장 큰 소행성으로, 지름이 960킬로미터쯤 돼. 이 정도 크기면 스스로의 중력으로 충분히 둥근 모양을 이룰 수가 있어. 세레스는 1801년에 발견되어 오랫동안 행성으로 여겨졌어. 세레스라는 이름은 고대 로마의 곡식의 여신인 케레스에서 비롯된 것으로, 고대 그리스와 로마 신들의 이름을 따다 붙이는 전통에 따른 것이라고 해.

직접 만들어 보기
소행성 '띠'

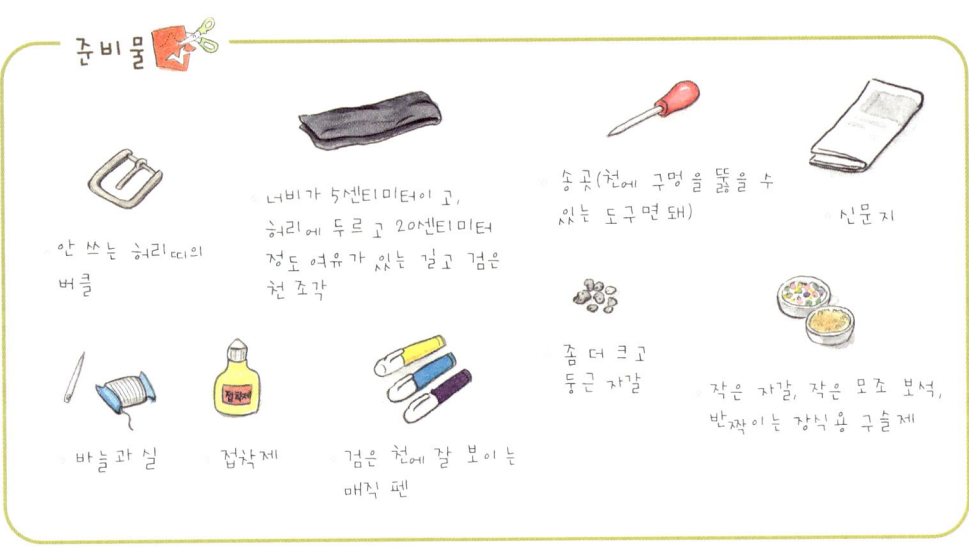

❶ 긴 천 조각에 허리띠 버클을 달아. 버클의 모양에 맞추어 천과 버클을 알맞게 연결해.

❷ 허리띠를 허리에 감고, 편안하게 버클을 채울 수 있는 적당한 위치에 구멍 자리 몇 개를 표시해. 그런 다음 허리띠를 풀고 표시해 놓은 자리에 구멍을 뚫어.

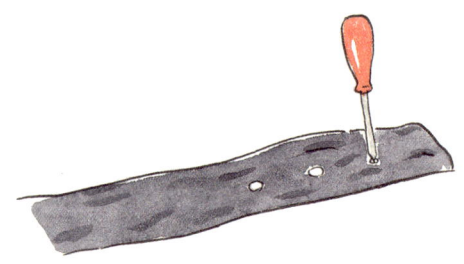

❸ 신문지 몇 장을 평평한 바닥에 깔아. 허리띠를 신문지 위에 올려놓고, 허리띠에 접착제를 조금씩 여러 군데 떨어뜨려. 다시 그 위에 작은 자갈이나 모조 보석, 장식용 구슬 같은 것을 뿌리고 말려.

❹ 이번엔 허리띠 위에 접착제를 큰 자갈 크기만 한 덩어리로 짜. 큰 자갈이나 장식용 구슬을 그 자리에 붙이고 '세레스'라고 표시를 해 둬.

❺ 허리띠에 모조 보석을 뿌려 그 밖의 소행성들을 표시해. 세레스 다음으로 발견된 소행성들은 팔라스, 주노, 베스타, 아스트라이아, 헤베, 이리스, 플로라, 메티스, 히기에이아, 파르테노페, 빅토리아, 에게리아, 이레네, 에우노미아 들이며, 모두 1852년까지는 행성으로 여겨졌어. 하지만 이것들 말고도 몇 천 개의 소행성들이 더 있지.

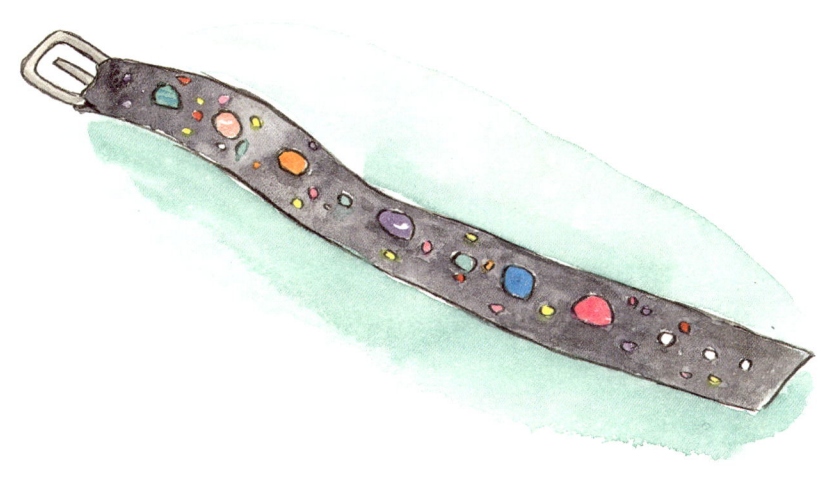

직접 만들어 보기
파에톤 소행성 조각 퍼즐

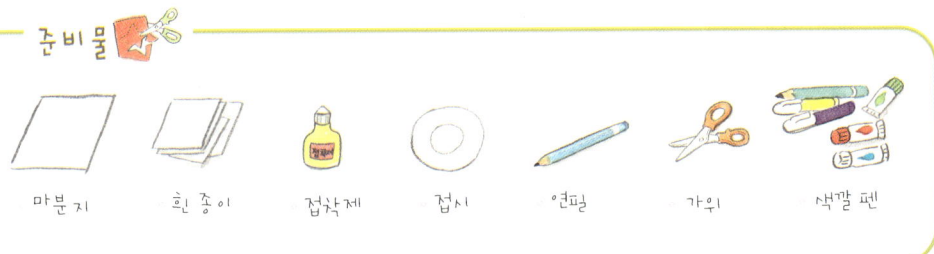

❶ 흰 종이 한 장을 접착제로 마분지에 붙이고 말려. 접시를 그 위에 올려놓고 테두리를 따라 동그라미를 그린 다음 가위로 오려내. 이 동그라미가 바로 파에톤 소행성을 나타내.

❷ 마분지 동그라미가 행성처럼 보이게 칠을 해. 아마 파에톤은 수성, 금성, 화성, 지구 같은 지구형 행성이나 달처럼 암석 덩어리였을 거야. 그러니 화성처럼 울긋불긋하게 칠하거나 달처럼 표면에 분화구를 그려도 괜찮아.

❸ 물감이 마르면 행성을 뒤집어 퍼즐 조각 모양으로 줄을 그어. 자기가 상상한 대로 재미있는 모양으로 퍼즐 조각들을 꾸며 봐. 아니면 다른 퍼즐 조각을 행성 위에 올려놓고, 그것들을 하나하나 떼어 내면서 그 빈자리를 따라 그려 나가도 돼.

❹ 조심스럽게 퍼즐 조각들을 오려내. 그런 다음 그 조각들을 맞추었다가 다시 떼어 내. 퍼즐 조각을 분리하는 것은, 목성의 중력이 파에톤을 오늘날 우리가 알고 있는 소행성들로 쪼갠 과정과 같아. 퍼즐을 한데 모으는 것은 파에톤과 그 밖의 다른 모든 행성들이 만들어진 과정, 곧 부착에 해당하지. 부착은 원자처럼 아주 작은 알갱이들, 기체, 먼지, 암석, 소행성, 그리고 그보다 훨씬 큰 물체들이 자기의 중력에 이끌리고 뭉쳐져, 우리가 사는 지구와 그 밖의 행성들처럼 더욱 더 큰 천체로 만들어질 때 일어나.

 화산 활동

행성이 표면 아래에 녹은 암석을 품고 있으면, 그 때문에 화산 분출 같은 지질 활동이 일어날 수 있어. 화산 활동은 지질학(과 화성학, 곧 화성의 지질을 연구하는 학문), 그리고 다른 행성들의 지질학에서 매우 중요한 요소야.

우리는 지구의 딱딱한 껍질, 곧 지각 위에서 살고 있어. 껍질 밑에는 맨틀이 있고, 다시 그 밑에는 외부 핵과 내부 핵이 있지. 내부 핵은 굳은 철인 반면, 외부 핵은 녹은 철이고, 맨틀은 굳은 암석이야. 외부 핵이 녹아 있는 것은 지구 내부의 엄청난 열 때문이고. 이 열은 몇 개의 원천에서 나와. 일부는 지구가 형성될 때 부착의 충격으로 생겼다가 아직도 남아 있는 열이야. 그리고 일부는 지구에서 자연적으로 일어나는 우라늄, 토륨, 포타슘 같은 방사성 원소들의 붕괴에서 생겨나. 그런 원자들은 붕괴하면서 열과 에너지를 내보내거든.

이러한 열의 원천들이 합쳐지면 암석을 녹일 만큼 온도가 높아져. 지구는 겉으로 보기에는 딱딱하지만, 사실은 대부분 액체야. 맨틀 속에 있는 이 액체 암석을 '마그마'라고 해. 맨틀의 압력과 열이 충분히 커지면 마그마가 행성의 표면, 그러니까 지각을 뚫고 폭발해. 그 과정에서 화산이 만들어지지. 뜨거운 마그마가 표면으로 나오면 그때부터는 '용암'이라고 해.

화산 활동이 지구에서만 일어나는 것은 아냐. 화성에도 옛날에는 수많은 화산이 있었어. 지금은 완전히 식어 버려서 활동하는 화산이 없을 뿐이지. 심지어 태양계의 몇몇 달에도 화산이 있다고. 예를 들면 목성의 여러 달 가운데 하나인 '이오'에는 활동하는 화산, 곧 활화산들이 있어. 그 가운데 하나가 바로 '툰쉬타프'인데, 이 화산은 뜨거운 먼지를 이오의 표면에 토해 내어 한반도의 세 배가 넘는 넓은 지역을 뒤덮고 있어.

지각 판

우리가 단단한 땅이라고 생각하는 것은 사실은 녹은 암석 위를 떠다니는 얇고 무른 지각이야. 지각은 지각 판이라고 하는 조각들로 나뉘어 있고, 이 조각들은 몇 백만 년에 걸쳐 천천히 움직여. 어떤 곳에서는 판과 판이 부딪쳐서 히말라야 산맥 같은 산악 지형을 만들기도 하지. 반대로 판들이 서로 멀어져 가는 곳도 있어. 예를 들면 북아메리카와 유럽이 자리 잡고 있는 두 개의 판은 한 해에 약 5센티미터씩 멀어지고 있다고 해.

직접 만들어 보기
지각 판과 화산 활동

★잠깐! 가열기를 쓸 때는 꼭 어른의 도움을 받아.★

죽	냄비	가스레인지	조리용 가열기 (토치)	굵은 설탕

❶ 요리책을 보거나, 즉석 제품을 이용해서 죽을 만들어. 그리고 그 죽을 냄비에 담아. 아직 불은 켜지 말고, 냄비를 가스레인지 위에 올려 둬.

❷ 굵은 설탕을, 죽을 살짝 덮을 정도로 뿌려. 그런 다음 조리용 가열기로 죽 위의 설탕을 녹여. 불꽃을 설탕에 겨누고 빠르게, 그리고 자꾸 움직여야 해. 될 수 있으면 설탕을 빨리 녹였다가 빨리 식혀서 죽 위에 딱딱한 껍질이 만들어지게 해야 돼.

❸ 불을 켜서 죽을 서서히 데우고 어떻게 되는지 살펴봐. 설탕 껍질은 지각을, 뜨거운 죽은 뜨거운 맨틀을 나타내. 설탕 껍질은 조각조각 부서져서 마치 지각 판처럼 움직일 거야. 뜨거운 죽 거품이 마그마처럼 표면을 뚫고 분출하기도 할 테고. 참, 뜨거운 설탕이나 죽이 튀어 데일 수 있으니 조심해야 해.

❹ 죽과 설탕을 다시 식혀서 맛있게 먹어.

2부
천문학과 탐사 도구

태양계에 관한 사실들을 우린 어떻게 알게 되었을까? 인류는 몇 천 년 전부터 태양계의 얼개와 역사를 연구해 왔어. 태양계에 관해 우리가 알게 된 과정은 그야말로 놀라운 역사라고 할 수 있지.

가장 오래된 천문학 수단은, 그냥 인간의 눈이야. 수많은 옛 문명들이 태양과 달, 별을 연구하고, 그 움직임을 정확하게 설명하고 예측했어. 메소포타미아, 중국, 아스텍과 마야, 이집트, 그리스와 로마 같은 고대 문명 지역의 사람들은 하나같이 하늘의 움직임에 커다란 관심을 가졌어.

이 고대의 관찰자들은 꽤 훌륭한 자료를 모았지만, 거기에 바탕을 둔 추측들은 틀린 것이 제법 많았어. 과학은 우리가 아는 상식을 확인해 주기도 하지만, 반대로 전혀 틀렸다는 사실을 밝혀 주기도 하지. 어떤 것이든 맨 처음 본 것은 진짜 모습이 아닐 수도 있거든.

태양 중심설 대 지구 중심설

아침에 밖에 나가 태양을 살펴보면 꼭 동쪽에서 떠오르는 것처럼 보여. 한낮에는 머리 위에서 움직이다가 저녁 무렵이면 서쪽으로 지는 것처럼 보이고. 오랜 세월 동안 사람들은 태양(과 달, 행성, 그리고 별들)이 지구 둘레를 돈다고 추측했어. 바로 우리가 이미 배운 '지구 중심설'이지. 이것은 그 무렵에 구할 수 있던 정보만을 토대로 하면 결코 나쁜 가설이 아니야. 나중에 어쩌다 보니 틀린 게 돼 버렸지만.

그런 가설의 또 하나 예는 행성에 관한 거야. 밤에 밖에 나가 하늘을 보면 유난히 눈에 띄는 밝게 빛나는 별들이 있어. 하지만 그 가운데 일부는 별이 아니라, 사실은 스스로 빛을 내지 못하는 태양계의 행성들이야. 수성, 금성, 화성, 목성, 그리고 토성이 바로 그 주인공들이지. 이 다섯 개의 행성들은 우리가 맨눈으로 볼 수 있을 정도로 밝게 태양 빛을 반사해. 그 모습이 꼭 별처럼 보였기 때문에 옛날 천문학자들은 그냥 별이라고 추측한 거지. 옛 천문학자들이 관찰한 것들 가운데, 다섯 행성과 다른 별들을 구별하게 해 준 것은 딱 한 가지밖에 없었어. 바로 하늘에서 보이는 움직임이 다르다는 사실이었지. 행성들은 다른 별들과 달리 불규칙하게 움직였어. 심지어 가끔 거꾸로 가는 것처럼 보이기도 했고. 떠도는 별이라고 불린 것도 바로 그런 불규칙한 움직임 때문이었어. 행성을 뜻하는 영어 낱말인 '플래닛(planet)'은 본래 '떠돌이'라는 뜻의 옛 그리스 말이야.

태양계에 관한 현대적인 지식은 폴란드의 **니콜라우스 코페르니쿠스**(1473-1543)와 더불어 시작되었다고 할 수 있어. 고대의 지구 중심설에 의문을 제기한

행성과 그 이름

행성들의 영어 이름은 대부분 라틴어 이름에서 나왔는데, 그 까닭은 옛날에 로마 제국이 영국을 정복했기 때문이야. 라틴어란 옛 로마 사람들이 쓰던 말이지. 로마 사람들은 그보다 앞선 옛 그리스 사람들과 마찬가지로 행성의 이름을 자기들이 믿는 신들에게서 따왔어. 예를 들면 수성의 영어 이름인 '머큐리'는 그리스 사람들이 헤르메스라고 부르던 전령의 신, '메르쿠리우스'에서 나왔어. 수성은 태양에 가장 가까운 행성이어서 궤도가 가장 짧아. 그래서 행성들 가운데 가장 먼저 하늘을 가로질러 가는데, 그 모습이 꼭 발빠른 전령사를 떠올리게 하지. 또한 영어 이름이 '비너스'인 금성은 그리스 사람들이 '아프로디테'라고 하던 아름다움의 여신 '베누스'에서 나왔고, 화성, 곧 '마스'는 전쟁의 신 '마르스'(그리스에서는 '아레스')에서 따온 거야. 화성과 전쟁의 신을 결합한 것은 화성의 붉은색 모래에서 반사되는 붉은 빛 때문이라고 해. 가장 큰 행성이며 영어 이름이 '주피터'인 목성은 신들의 왕인 '유피테르', 곧 그리스의 '제우스'에서 이름을 따왔어. 토성 '새턴'은 유피테르의 아버지이며 씨앗의 신인 '사투르누스'(그리스의 크로노스)에서 유래한 이름이야. 그리고 동양식 이름은 동양의 음양오행설에서 가져왔다고 해. 음과 양은 태양과 달, 5행은 물, 나무, 불, 흙, 쇠(돌)에서 나온 수성, 금성, 화성, 목성, 토성이야. 망원경이 발명되고 나서 발견된 천왕(하늘의 왕)성, 해왕(바다의 왕)성, 명왕(지옥의 왕)성은 그리스로마 신들의 이름을 한자식으로 바꾸어 붙인 이름이지. 지구는 당연히 우리가 서 있는 자리이니 이름이 따로 없었겠지.

천문학자(철학자이고 정치가이기도 해)가 바로 코페르니쿠스였으니까. 지구 중심설을 주장한 대표적인 천문학자는 그보다 1400년쯤 전에 이집트의 알렉산드리아에서 활동한 그리스의 프톨레마이오스야. 프톨레마이오스는 행성들의 모든 움직임을 예측할 수 있는 복잡한 지구 중심 태양계 모형을 생각해 냈어. 그는 행성들이 거꾸로 가는 것, 곧 '역행'을 설명하기 위해 행성들이 보이지 않는 수정구 안에서 회전하고 있다고 결론을 내렸지. 그리고 그런 구들이 회전하며 지구 둘레를 도는 데 필요한 속도를 정확히 계산해서 행성들의 움직임을 제대로 예측하려고 했어.

하지만 코페르니쿠스의 생각은 달랐어. 지구와 행성들이 태양 둘레를 돌 가능성도 크다고 생각했거든. 코페르니쿠스는 행성의 각 구들이 움직여야 하는 속도를 계산하여, 태양 중심 모형에서 행성들의 움직임을 설명했어.

서로 맞서는 이 두 태양계 모형은 똑같이 태양계를 잘 설명할 수 있었지. 더 나은 관측 자료가 나올 때까지 두 모형 가운데 어느 것이 더 옳은지 아무도 확신할 수 없었어.

덴마크의 귀족인 **티코 브라헤**(1546-1601)는 정확한 관측 자료를 수집해야만 이 논쟁을 해결할 수 있다고 생각했어. 한 섬에 천문대를 세우고 25년이 넘게 별들의 움직임을 정밀하게 관찰한 것도 바로 그 때문이야. 정확한 관측을 위해 한 별과 다른 두 지점 사이의 각도를 잴 수 있는 '사분의'라는 기구를 만들기도 했지. 브라헤는 프톨레마이오스와 코페르니쿠스 모두 완벽하게 행성의 운동을 설명하지 못한다고 생각했어. 그래서 만들어 낸 게 바로 티코 체계라고 하는 새로운 모형이야. 티코 체계는 두 사람의 모형을 절충한 것이었어. 그래서 여전히 태양이 지구의 둘레를 돌지만, 다른 행성들은 태양의 둘레를 돌게 되어 있었지.

태양

요하네스 케플러(1571-1630)는 독일의 천문학자로 티코 브라헤의 조수였어. 케플러는 만약 태양 둘레를 도는 행성들의 궤도가 완전한 동그라미가 아니고 타원 모양이라면, 수정구 없이도 행성들의 모든 움직임을 설명할 수 있을 것이라고

〈사분의〉
망원경을 발명하기 전까지 쓰인 천체관측 도구

생각했지. 케플러의 새 모형은 한결 간단하다는 점에서 그 이전 것들보다 뛰어났어. 물론 그것이 그의 모형이 옳다는 것을 증명하지는 못했어. 하지만 적어도 옳은 방향으로 가고 있다고 짐작할 근거는 되었지. 대개 간단한 설명일수록 옳은 설명일 가능성이 큰 법이니까. 특히 다른 설명들이, '투명한 수정구'처럼 번잡하고 의심스러운 것을 고안할 수밖에 없는 상황에서는 말이야.

갈릴레오 갈릴레이(1546-1642)는 처음으로 천문학에 망원경을 도입한 이탈리아의 천문학자야. 그때까지 망원경이나 쌍안경은 땅 위의 것들, 이를테면 수평선을 넘어 오는 배 같은 것을 보는 데만 쓰였어. 그것을 천체 관찰에 사용한 것은 천문학의 역사에서 커다란 진보였지. 갈릴레이는 망원경을 이용해 행성은 별이 아니라 지구와 같은 천체라는 사실을 밝혀냈어. 뿐만 아니라 토성에는 고리가 있고, 태양에는 흑점이 있으며, 달에는 울퉁불퉁한 크레이터가 있다는 사실도 확인했어.

목성

목성을 관찰하여, 그 둘레를 도는 달들을 발견한 것도 갈릴레이의 중요한 업적이야. 우주의 모든 것들이 지구의 둘레를 도는 것은 아니라는 사실을 처음으로 증명한 것이었으니까. 이로써 다른 천체들도 지구의 둘레를 돌지 않을 수 있다고 추측할 수 있게 되었어. 하지만 그렇다고 태양 중심주의가 결정적으로 증명된 것은 아니었어.

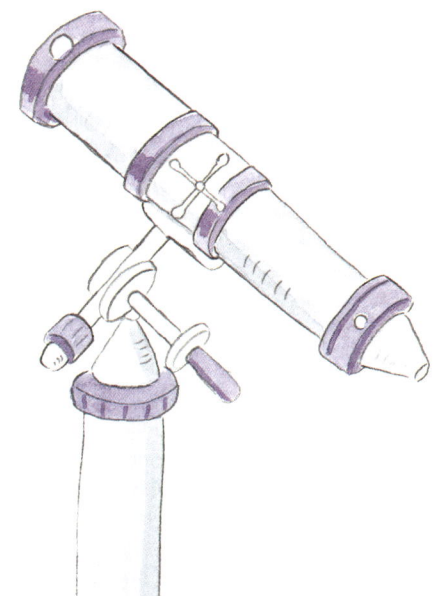

독일의 수학자이자 천문학자인 **프리드리히 베셀**(1784~1846)이 마침내 태양 중심주의를 확고하게 증명하기까지는 거의 200년의 시간이 걸렸어. 그 무렵에는 이미 대부분의 천문학자들이 태양 중심주의가 옳다고 생각했어. 그래서 천문학자들 사이에서는 '첫 항성 시차'를 측정하여 그것을 증명하려는 경쟁이 벌어졌지. 하지만 그보다 벌써 몇 천 년이나 앞서서, 만약 지구가 태양 둘레를 돈다면 태양의 어느 쪽에 있느냐에 따라 별들이 다르게 보일 것이라고 추론한 사람이 있어. 바로 고대 그리스의 철학자 아리스토텔레스야.

아리스토텔레스의 생각은 간단한 실험으로 확인할 수 있어. 예를 들어, 밖에 나가 팔을 앞으로 쭉 뻗어서 손가락으로 위를 가리켜 봐. 그런 다음 한쪽 눈을 감고 나무나 건물처럼 멀리 떨어진 물체 하나를 바라보는 거야. 그 상태에서 머리를 오른쪽으로 돌리면 손가락(가까운 별)이 나무(멀리 떨어진 별) 왼쪽에 있는 것처럼 보일 거야. 손가락은 움직이지 않지만, 우리 눈(지구)이 움직이고 있기 때문이지.

아리스토텔레스는 그런 시차를 전혀 볼 수 없었어. 그래서 지구가 움직이지 않는다고 생각했지. 문제는 시차가 있긴 하지만, 지구에서 별들까지의 거리가 지구가 태양 둘레를 도는 거리에 비하면 너무 커서, 아리스토텔레스의 눈이나 갈릴레이의 망원경으로는 관찰할 수 없었다는 거야. 베셀이 1838년에 백조자리 항성(붙박이 별)61의 시차를 측정할 수 있었던 것은 오로지 크게 개선된 망원경 덕분이었어. 별의 시차를 측정하면 그 별이 얼마나 멀리 떨어져 있는지 계산할 수 있지. 그래서 때때로 '베셀의 별'이라고도 하는 백조자리 61호는 우리가 최초로 거리를 알아낸 별이기도 해. 그 거리는 지구에서 약 11광년, 그러니까 약 96조 킬로미터야. 1광년은 1초에 30만 킬로미터를 가는 빛이 1년 동안 가는 거리니까, 미터법으로 따지면 9조 4천6백 킬로미터쯤 돼. 시속 100킬로미터로 달리는 자동차가

1억 년이 훨씬 넘도록 가야 하는 어마어마한 거리지.

새로운 행성들과 그 밖의 천체들

1781년, 영국의 천문학자 윌리엄 허셜은 첫 번째 새로운 행성인 천왕성을 발견했어. 허셜은 처음에 영국 왕 조지 3세의 이름을 따 '조지의 행성'이라고 이름 붙였다고 해. 하지만 천문학자들은 그리스와 로마 신들의 이름을 따 행성 이름을 짓는 전통에 따라, 결국 그리스의 하늘의 신인 우라노스(Uranus, 한자말로는 천왕)의 이름을 갖다 붙였어.

허셜은 또한 천왕성의 여러 달 가운데 두 개를 처음으로 발견했어. 허셜의 아들인 존 허셜은 이 달들의 이름을 셰익스피어의 희곡 〈한여름 밤의 꿈〉에 나오는 요정 왕비와 왕의 이름을 따 '티타니아', '오베론'이라고 지었지. 천왕성의 나머지 달들은 모두 이런 전통에 따라 셰익스피어나 또 다른 영국 작가인 알렉산더 포프의 작품에 나오는 인물들 이름을 따다 붙인 거야.

천왕성

1846년 무렵, 천문학자들은 천왕성의 궤도가 불규칙하다는 것을 알아챘어. 이것은 천왕성 너머에 있는 또 다른 행성이 그 중력으로 천왕성의 속도를 늦추고 있는지도 모른다는 것을 뜻했지. 천문학자들은 이 신비의 행성을 찾기 시작했고, 1846년 9월 23일 마침내 그 행성, 곧 해왕성을 발견했어. 아직도 역사적인 논란이 있긴 하지만, 첫 발견자는 영국의 존 카우치 애덤스와 프랑스의 위르뱅 르 베리에야. 영어로 '넵튠(Neptune)'인 해왕성은 로마의 바다의 신 '넵투누스'(그리스의 포세이돈 신에 해당)의 이름을 빌

해왕성

71

렸고, 트리톤을 비롯한 해왕성의 달 이름은 그리스의 바다 신들과 요정들에게서 따왔어.

1930년, 미국의 천문학자인 클라이드 톰보가 로웰 천문대에서 플루토, 곧 명왕성(지금은 '난쟁이 행성'으로 분류됨)을 발견했어. 그때 톰보의 나이는 겨우 스물네 살이었지. 플루토(그리스의 하데스 신)는 자신의 모습을 보이지 않게 할 수 있는 저승의 신이야. 이 이름을 제안한 것은 신화와 천문학에 관심이 있던 열한 살 먹은 소녀 베네티아 버니였어. 톰보 역시 플푸토의 처음 두 글자가 로웰 천문대

시차(parallax) : 보는 위치에 따라 가까이 있는 별의 위치가 멀리 있는 별에 견주어 또렷이 달라 보이는 현상. 태양을 도는 지구 궤도 한쪽에서와 반년 뒤 그 맞은편 궤도에서 봤을 때, 어느 한 별이 더 멀리 있는 별들과 비교하여 뚜렷하게 위치가 달라 보이는 것을 말해.

설립자인 퍼시벌 로웰의 이름 약자와 같았기 때문에 좋아했다고 해. 명왕성의 달들은 플루토 신과 관련된 신화 속 주인공들의 이름을 갖다 붙였어. 예를 들면 '카론'은 죽은 사람을 배에 태우고 스틱스 강을 건너 저승으로 안내하는 뱃사공이야. '닉스'는 밤의 여신이자 카론의 어머니이며, '히드라'는 저승의 문을 지키는 신화 속 짐승이지.

로켓과 우주 탐험

망원경 다음에 일어난 천문학의 거대한 진보는 20세기에 발달한 로켓이야. 로켓은 온갖 종류의 과학 기구들(과 과학자들)을 우주로 발사하는 데 쓰였어. 20세기 후반에는 소련(지금의 러시아)과 미국이 서로 자신들의 기술력을 과시하려고 치열한 대결을 벌였어. 흔히 '우주 경쟁'이라고 불린 이 대결 덕분에 로켓 기술과 태양계에 관한 지식이 크게 발전했지.

태양계의 다른 천체에 착륙하기 위해 지구에서 쏘아 올린 첫 탐사선은 7소련의 루나 2호야. 루나 2호는 1959년에 발사되어 달 표면에 일부러 불시착했어. 가는 도중에 태양풍을 발견하기도 했지. 다른 행성으로 가는 첫 사업은 미국의 매리너 2호 발사였어. 매리너 2호는 결국 1962년에 금성 부근을 지나는 데 성공했지. 1966년에는 소련의 베네라 3호 탐사선이 처음으로 금성의 대기에 들어갔

아하! 그렇구나!

소행성이나 다른 천체들의 이름은 그리스 로마 신화나 다른 신화에서 가져온 거야. 예를 들어, 세드나(Sedna)는 이뉴잇족의 여신 이름이고, 바로나(Varuna)는 고대 인도의 신화에 나오는 이름이야. 그리고 콰오아(Quaoar)는 북아메리카 원주민인 통바족의 신이지. 이 이름들은 모두 해왕성 궤도를 통과하는 천체들이야.

어. 이렇게, 그리고 나중에 진행된 베네라와 매리너 계획들을 통해 금성의 대기와 성분에 관해 많은 것을 알 수 있었지.

이것들은 다 사람이 타지 않은 무인 탐사선이었어. 하지만 우주 경쟁에서 가장 빛날 수 있는 업적은 역시 인간을 우주에 보내는 것이었지. 1961년, 마침내 소련은 처음으로 인간을 우주로 내보내는 데 성공했어. 맨 처음 우주 비행에 성공한 사람은 유리 가가린이야. 그리고 1963년에는 역시 러시아의 발렌티나 테레쉬코바가 여성으로는 처음으로 우주에 나갔어. 반면 미국은 1969년에 닐 암스트롱과 버즈 올드린을 달에 착륙시켜, 처음으로 인간을 달에 보내는 데 성공했어. 미국의 달 사업은 아폴로 계획이라고 불렸어. 아폴로 계획 덕분에 달 암석 표본을 비롯하여 달에 관한 많은 정보와 자료를 수집할 수 있었지.

최근에 이루어진 컴퓨터와 로봇, 원격 조종 기술의 발전으로 이제 인류는 훨씬 더 복잡한 무인 탐사선을 우주에 보낼 수 있게 되었어. 이런 무인 탐사선에는 사람들과 그들이 살아남는 데 필요한 음식이며 물 따위를 함께 실어 발사할 필요

난쟁이 행성

2003년에 마이크 브라운이라는 사람이 이끄는 미국의 한 연구 팀이 명왕성보다 큰 카이퍼 띠 천체 하나를 발견했어. 천문학자들은 이 천체를 놓고 큰 논쟁을 벌였어. 어떤 이들은 그 천체가 태양계의 열째 행성이 되어야 한다고 생각했고, 또 어떤 이들은 반대로 그럴 자격이 없다고 생각했지. 하지만 또 다른 이들은 이렇게 물었어. 그렇다면 이 별보다 더 작은 명왕성은 왜 행성으로 대접해야 하지? 이처럼 서로 다른 여러 의견들은 결국 새로운 등급을 만드는 것으로 통일되었는데, 그게 바로 난쟁이 행성이야. 이처럼 새로운 천체가 난쟁이 행성으로 결정되면서 명왕성도 난쟁이 행성이 되었어. 소행성 '세레스'처럼 말이야. 알맞은 이름도 지어 주었는데, 천문학자들 사이에 큰 논쟁을 불러일으켰다고 해서 '에리스'라고 정했어. 에리스란 그리스 신화에 나오는 '다툼과 불화의 여신'이거든. 에리스의 달에는 '디스노미아'라는 이름을 붙여주었어, 디스노미아는 에리스의 딸이자 '무법'의 여신이야.

> ### 아하! 그렇구나!
> 우주선 뉴호라이즌스호는 1997년에 죽은 천문학자 클라이드 톰보(1906, 1997)의 재를 싣고 떠났어. 톰보의 유해는 명왕성으로 가게 되어 있어. 명왕성은 바로 톰보가 발견한 난쟁이 행성이야.

가 없어. 그래서 많은 에너지를 아낄 수 있지. 게다가 우주 비행사가 지구에 안전하게 돌아오는 일 따위에도 신경 쓸 필요가 전혀 없다고.

화성은 태양계의 다른 행성들 가운데 지금까지 가장 많은 관심을 받은 곳이야. 1964년에 그 화성을 매리너 4호가 가깝게 지나갔어. 그 뒤로 소련의 화성 및 포보스(데이모스와 함께 화성의 두 위성 가운데 하나) 탐사선들과 미국 항공우주국의 바이킹 착륙선들이 잇달아 화성을 찾아갔어. 유럽 우주국의 화성 탐사 위성을 비롯한 착륙선과 궤도 비행체들도 마찬가지였고. 21세기가 시작 될 무렵에는 모두 여섯 대의 우주선이 화성의 궤도나 표면에 머물러 있었어. 그 가운데 가장 성

공한 것은 화성 탐사 차, '스피릿'과 '오퍼튜니티' 호야. 이 탐사 차들은 원격 조종으로 원래 설계된 시간보다 몇 년이나 더 화성 표면을 돌아다녔어. 미국 항공 우주국과 유럽 우주 기구는 똑같이 2025년이나 2030년까지 인간을 화성에 보낸다는 계획을 발표했어.

 가장 최근에 개발된 태양계 탐사 도구들 중에는, 직접 다른 행성에 보내지 않고 지구 둘레를 도는 위성이나 우주 정거장에 설치하는 것들이 있어. 예를 들면 허블 우주 망원경은 지구 둘레의 궤도에 자리 잡고서 지구에서 볼 때보다 훨씬 또렷한 우주 사진을 찍어 보내 줘. 지구의 대기는 빛이 통과하는 것을 방해하기 때문에 마치 물안경을 쓰고 천체를 보는 것 같은 느낌을 갖게 해. 하지만 허블 망원경은 대기 위에서 돌기 때문에 대기의 방해를 피할 수 있어. 덕분에 아주 먼 천체들을 훨씬 깨끗한 사진으로 찍을 수 있어. 허블 망원경은 매우 커다란 행성 사진들을 보내 주었고, 우주가 헤아릴 수조차 없이 많은 은하로 가득 차 있다는 것을 보여주었어.

 우주선은 바깥쪽 행성들도 방문했어. 가장 유명한 것은 보이저 탐사선들과 갈릴레오 우주선이야. 보이저 탐사선들은 1977년에 발사되어 십여 년에 걸쳐 기체 거대 행성들을 가까이 지나갔어. 그리고 지금은 태양계 밖으로 나가고 있지. 보이저 1호는 현재 인간이 만든 것으로서는 가장 먼 곳에 가 있는 물체야. 갈릴레오 탐사선은 소행성 띠를 지나, 목성 둘레를 빙빙 돌며 목성의 달들과 대기를 탐사했어. 그리고 임무를 마칠 쯤에는 목성에 부딪쳐 들어가 버렸어. 목성의 달 가운데 하나와 부딪치는 사고를 피하기 위해서였지. 잘못하여 목성의 달과 충돌하면 지구에서 싣고 간 박테리아로 그 달을 오염시킬 수도 있었기 때문이야.

 미국 항공 우주국의 '딥 임팩트 2호' 탐사선은 2005년에 '템펠1' 혜성으로 충

격체를 발사했어. 충격을 받아 튀는 물질들을 연구하여 혜성의 성분을 알기 위해서였지.

우주선 뉴호라이즌스 호는 지금도 명왕성으로 가는 중이야. 예정대로라면 2015년에 도착하게 돼 있어. 재미있는 것은 뉴호라이즌스 호가 플루토늄 원소의 방사능 붕괴로 동력을 얻고 있다는 거야. 플루토늄은 사실 명왕성의 라틴어 이름인 '플루토'에서 따온 이름이거든. 허셜이 천왕성을 발견하고 8년이 지난 뒤, 마르틴 클라프로트라는 독일 과학자가 방사성 원소 우라늄을 발견했어. 우라늄이라는 이름은 클라프로트가 허셜이 발견한 천왕성의 라틴어 이름인 '우라누스'에서 따온 거야. 1940년, 과학자들은 새로운 원소를 두 개 발견하고 넵튜니움과 플루토늄이라고 이름을 지었어. 물론 이 이름들은 천왕성 다음의 두 행성, 해왕성과 명왕성의 라틴어 이름으로 만든 것이지.

갈릴레이의 가속 경사

 갈릴레이는 망원경으로 행성을 연구하고 목성의 달과 토성의 고리를 발견한 뒤, 이번에는 물체의 운동 실험을 했어. 지금은 이것을 '물리학'이라고 해. 갈릴레이가 발견한 것들 가운데 하나가 바로 '가속'이라는 거야. 예를 들어 우리가 자전거를 타고 페달을 세게 밟으며 점점 속도를 올려 간다고 하면, 바로 그 순간 우리는 가속을 하고 있는 것이지.

갈릴레이는 경사를 따라 공을 굴리는 실험으로 그것을 알아냈어. 공은 아무도 밀지 않아도 점점 빨라졌고, 경사의 각도가 클수록 그만큼 더 빠르게 가속되었지. 갈릴레이는 공이 가속되는 비율이 일정하다는 것을 증명할 수 있었지. 가장 빠른 비율은 경사가 바닥에 대해 90도일 때, 곧 공이 똑바로 떨어질 때 얻어졌어. 갈릴레이가 증명한 또 하나의 사실은, 공이 얼마나 큰지 또는 무거운지는 문제가 되지 않는다는 거야. 다시 말해 크기나 무게와 상관없이 모두 똑같은 비율로 가속이 된다는 얘기지. 이와 관련하여 널리 퍼진 재미있는 이야기가 바로, 갈릴레이가 무게가 다른 추 두 개를 피사의 기울어진 탑에서 떨어뜨렸다는 것이야. 하지만 그런 일이 실제로 일어났을 가능성은 거의 없어.

가속 : 어떤 물체의 운동 속도가 점점 증가하는 과정.

직접 해보기
갈릴레이의 경사

❶ 마분지에서 너비 2~3센티미터쯤의 길고 얇은 띠를 두 개 잘라내. 이 띠를 자의 양 옆에 하나씩 테이프로 붙여서 홈통 모양으로 만들어.

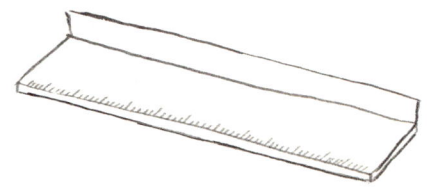

❷ 구슬이 겨우 굴러갈 정도의 간격이 생기도록, 한쪽 마분지 띠에 핀을 꽂아. 구슬이 핀에 살짝 닿으며 소리가 날 정도면 돼. 자를 따라 5센티미터 간격으로 핀을 박아.

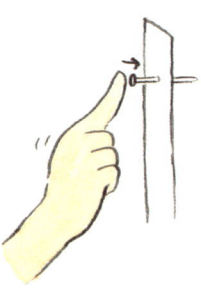

❸ 바닥에 책을 한두 권 받쳐서 자가 약간 기울어지게 놓아. 그런 다음 시계를 들고 구슬을 그 경사로 굴려. 구슬이 구르면서 핀에 닿는 소리의 횟수를 세어보고, 바닥쪽으로 갈수록 핀에 닿는 소리(간격)가 얼마나 더 짧게 나는지 알아봐. 처음 1초 동안과 다음 1초 동안에 각각 들린 소리의 수를 세서 비교해 봐.(핀에 닿는 소리를 세거나 시계를 보며 도와 줄 사람이 필요할 수 있어.) 첫 번째와 두 번째의 1초당 소리의 수 차이가 바로 가속이야.

❹ 책을 더 쌓아서 경사의 각도를 바꾸면서 실험을 해 봐. 각도가 커질수록 가속의 비율도 커져.

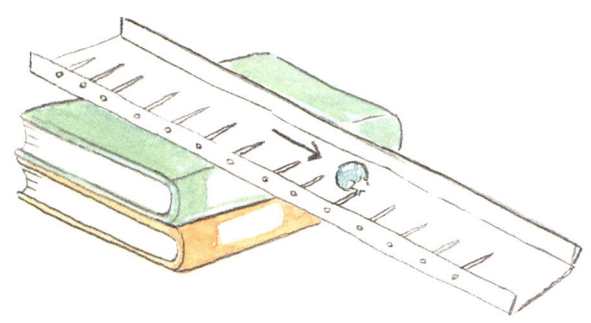

가속

나중에 과학자인 뉴턴이 새로운 사실을 알아냈어. 갈릴레이가 땅으로 떨어지는 물체의 속도를 재면서 측정한 힘은, 행성들이 태양 둘레를 돌고 달이 지구 둘레를 돌도록 하는 힘과 똑같다는 것이었지. 이것은 과학의 역사에서도 손꼽히는 중요한 발견이었어. 흔히 뉴턴이 나무에서 떨어지는 사과를 보고 그것을 알아냈다고 말하곤 해. 사과나무 뒤편 하늘에는 달이 떠 있었는데, 달은 그대로 있고 사과는 떨어지는 것을 보고 이상하게 여겼다는 거야. 하지만 이런 이야기는 사람들이 그냥 재미있게 지어낸 것일 뿐이야.

 ## 갈릴레이식 망원경

'갈릴레이식 망원경'은 갈릴레오 갈릴레이의 이름에서 딴 거야. 하지만 그렇다고 갈릴레이가 이 망원경을 발명한 것은 아니야. 다른 이들, 그러니까 아랍인이나 네덜란드인 들이 이미 멀리 떨어져 있는 땅 위의 물체를 보기 위해 망원경을 쓰고 있었으니까. 그들의 망원경은, 예를 들어 배를 타고 바다를 여행할 때 멀리서 다가오거나 지나가는 배를 찾는 데 아주 쓸모가 많았어. 그리고 주로 그런 목적으로 쓰였기 때문에 '염탐 안경'이라고도 했지. 하지만 갈릴레이는 그것을 처음으로 행성과 별을 찾는 데 썼어. 갈릴레이식 망원경이라는 이름이 붙은 것도 바로 그 때문이야.

모든 광학 망원경은 가시광선, 곧 사람의 눈으로 볼 수 있는 빛을 모으는 방법으로 물체를 보여줘. 다시 말해 멀리 떨어진 물체에서 나오는 빛은 너무 넓게 퍼져서 맨 눈으로는 볼 수 없는데, 그것을 가는 빛줄기로 모아 제대로 볼 수 있게 해 주는 거지. 갈릴레오식 망원경은 렌즈를 두 개 써서 빛을 모으게 되어 있어. 반면에 다른 망원경 종류들은 굽은 거울과 렌즈로 빛을 모아.

망원경은 이렇게 만드는 거야

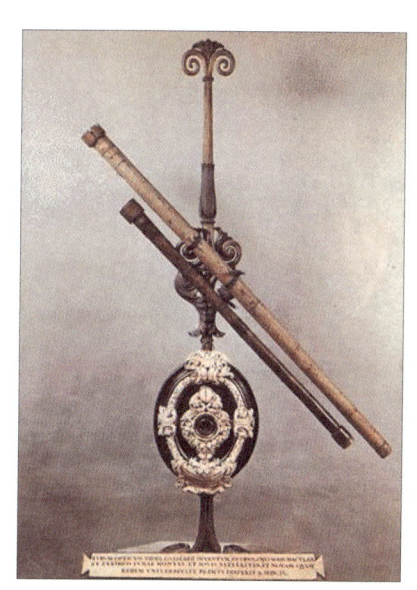

갈릴레이가 만든 망원경 가운데 남아 있는 둘째 망원경이야. 이걸 통해서 천체를 관찰하는 광학 기구는 어떤 모양이어야 할지를 알 수 있다고 해. 튜브(몸통)는 홈이 파인 나무껍질 두 개로 이루어졌는데, 구리 밴드로 감고 종이로 감쌌어. 대물 렌즈와 접안 렌즈의 덮개도 나무로 만들었지. 1630년에 만든 갈릴레이의 망원경은 지금도 이탈리아 피렌체에 있는 과학박물관에 남아 있어.

직접 만들어 보기
갈릴레이식 망원경

이 공작을 하려면 먼저 렌즈를 모아야 해. 투명한 플라스틱을 잘라서 임시 렌즈를 만들어도 되지만, 그것은 빛을 제대로 모으지 못해. 그보다는 집 안을 뒤져서 오래되어 못 쓰는 안경을 구하는 게 좋아. 안경테의 작은 나사만 돌리면 렌즈로 쓸 안경알을 쉽게 얻을 수 있거든. 안경을 구할 수 없다면 돋보기에서 뺀 렌즈를 대신 써도 돼.

준비물

포장지나 종이 수건의 두껍고 기다란 종이 원통 두 개

보호 테이프 (마스킹 테이프)

렌즈 두 개

공작용 색종이, 물감, 매직 펜

가위

❶ 긴 마분지 원통을 반으로 잘라. 그리고 잘라진 두 개의 원통 중 하나를 골라 한 면만 세로로 또 잘라. 잘린 한쪽 면의 가장자리가 반대쪽 면 가장자리에 겹치도록 둥글게 말아. 이렇게 만든 원통이 다른 원통 안에 살짝 들어갈 정도가 돼야 해. 그 크기를 유지한 채 테이프로 가장자리를 붙여서 원통을 완성해. 그런 다음 그 원통을 다른 원통에 끼우고, 작은 원통이 거의 다 들어갈 정도로 밀어 넣어.

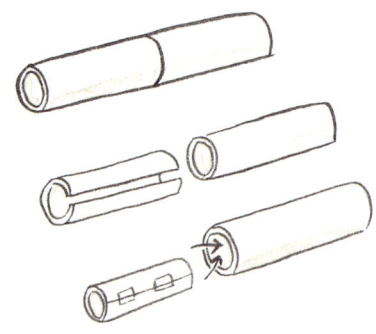

❷ 렌즈 하나를 큰 원통 끝에 테이프로 붙여. 렌즈가 안경에서 나온 것이라면 볼록한 면과 오목한 면이 있을 거야. 볼록한 면이 원통의 바깥쪽을 향하고, 오목한 면이 안쪽을 향하도록 렌즈를 테이프로 붙여. 이 렌즈를 대물렌즈라고 하는 거야.

❸ 다른 렌즈를 작은 원통의 바깥쪽 끝에 붙여. 이것은 접안렌즈야. 이 렌즈는 볼록한 면이 안쪽을, 오목한 면이 바깥쪽을 보게끔 붙여야 해.

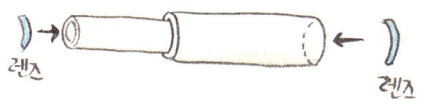

❹ 망원경을 멋지게 꾸미고 싶으면 큰 원통을 색종이로 바르고, 두 원통 모두 색칠하면 좋아.

❺ 주의할 것 : 망원경으로(맨눈으로도) 해를 직접 보지 마. 그리고 망원경은 늘 작은 원통 쪽으로 보고, 달처럼 멀리 떨어진 물체를 보는 게 좋아. 초점은 안쪽 원통을 뺐다 집어넣었다 하면서 맞추면 돼. 렌즈들이 서로 가까워지거나 멀어지면서 물체의 모습을 좀 더 뚜렷하게 보여줄 거야. 여기에서 우리가 만든 망원경은 그저 모형일 뿐이기 때문에 물체를 아주 잘 보여주지는 못해. 왜 그러냐고? 망원경이 멀리 떨어진 물체를 제대로 보여 주려면 그 목적에 맞게 특별히 갈아서 만든 렌즈가 들어가야 해. 하지만 안경알이나 돋보기 렌즈는 먼 거리를 생각하고 만든 게 아니거든. 시험 삼아 방 저쪽에 있는 물체처럼 가까운 것들을 한번 살펴봐.

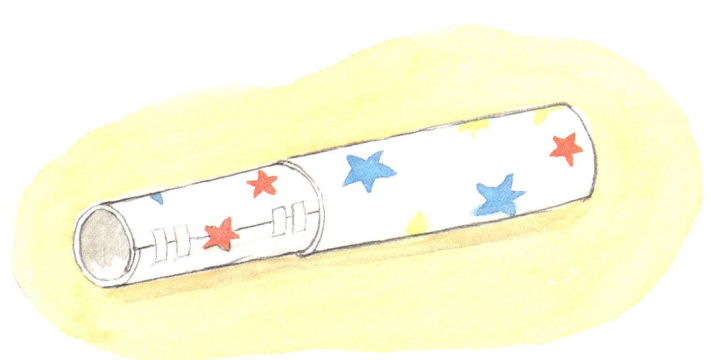

직접 만들어 보기
뉴턴식 망원경

좀 더 잘 보이는 망원경을 만들 수 있을까? 물론이지. 우리처럼 전문가가 아닌 사람들이 더 쉽게 만들 수 있는 것이 바로 뉴턴식 망원경이야. 뉴턴식 망원경은 굽은 거울을 이용해서 빛을 모아. 그와 비슷한 망원경을 우리 손으로 직접 만들어 볼 수 있어. 여기에서 다루지는 않지만, 특별한 장비를 쓰거나 어른들의 도움을 받으면 훨씬 좋은 망원경도 만들 수 있지.

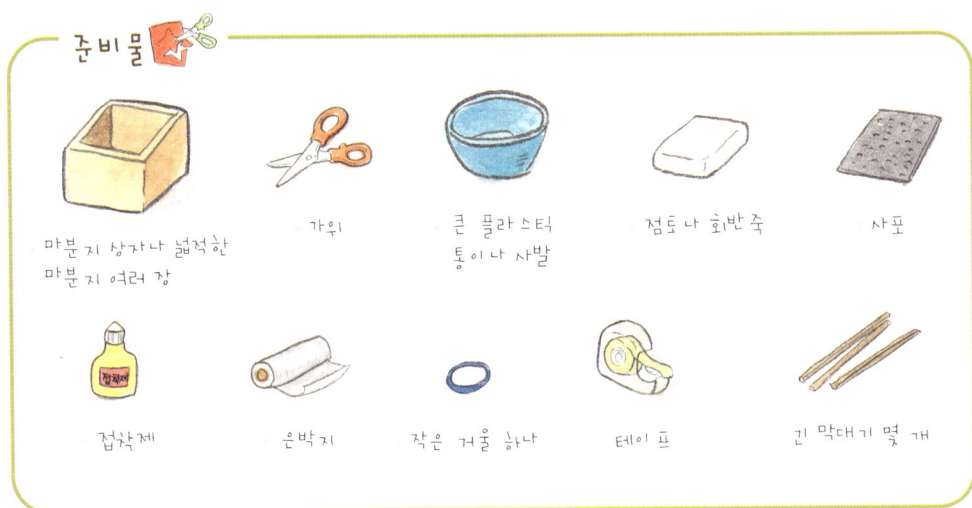

준비물: 마분지 상자나 넓적한 마분지 여러 장, 가위, 큰 플라스틱 통이나 사발, 점토나 회반죽, 사포, 접착제, 은박지, 작은 거울 하나, 테이프, 긴 막대기 몇 개

❶ 마분지 상자의 한쪽 면을 잘라 없애. 그리고 플라스틱 통이나 사발에 점토를 담고서 말려. 사포로 점토의 겉면을 매끄럽고 오목하게 만들어. 책 뒤의 공작본 B(166쪽)를 마분지에 대고 그 모양대로 오린 다음, 그것을 이용해 점토가 정확한 곡선을 이루도록 해.

❷ 점토 겉면을 접착체로 살짝 바르고 은박지를 붙여. 이때 주름이 하나도 생기지 않도록 고르게 문지르며 붙이는 게 중요해. 이것은 망원경의 반사 거울 역할을 할 거야.

❸ 점토로 만든 오목 거울을 상자 바닥에 둬. 사발 위에 오목 거울을 담아서 놓아도 좋아. 오목한 면이, 뚫려 있는 상자 위쪽을 보게 해야 해. 그런 다음 테이프로 그 자리에 단단히 고정시켜.

❹ 작은 거울을 막대기 끝에 붙여서 상자 한 가운데에 놓아. 사발하고는 25센티미터쯤 떨어져야 하고, 45도 각도쯤 기울어져 있어야 해.

❺ 작은 거울 맞은 편 쪽 상자 벽에 조그맣게 구멍을 내. 이것은 반사경에 의해 모인 빛이 거울에 반사되어 구멍으로 나오도록 설계하는 거야.

❻ 상자를 밖으로 가지고 나가 흔들리지 않는 받침대 위에 올려놓아. 상자의 열려진 쪽을 달 같은 물체에 겨누고 구멍으로 상자 안을 들여다봐.

이것은 매우 간단한 뉴턴식 망원경이야. 유리 반사 거울을 갈아 만들고 거기에 은도금을 하여 훨씬 더 좋은 뉴턴식 망원경을 만들 수도 있지. 그것은 유리를 온통 반사 물질로 뒤덮는거야. 하지만 그렇게 하려면 어른들의 도움과 전문 장비가 필요해. 거기에 관심이 있다면 인터넷 사이트와 책들을 찾아 봐.

로켓

　로켓은 가장 훌륭한 우주 탐험 수단이야. 인공위성이며 무인 탐사선, 달 탐사를 한 아폴로 우주선, 그리고 우주 왕복선 들까지 모두가 로켓의 힘으로 발사되었어. 로켓은 우리가 보내려고 하는 쪽과 반대 방향으로 기체를 뿜어내면서 움직이지. 그게 가능한 까닭은 아이작 뉴턴이 발견한 것처럼 모든 작용에는 그와 똑같은 정도의 반작용이 따르기 때문이야.

우리가 만들 모형 로켓은 압축된 공기를 이용하여 미는 힘, 곧 추진력을 얻게 될 거야. 그 밖에 주사기와 빨대를 이용한 에어로켓을 비롯하여 다양한 로켓을 만들어 볼 수도 있어. 이 로켓들을 만들고 발사하는 것이 재미있다면 그것을 전문적인 취미 활동으로 삼고 싶어질 수도 있겠지. 그런 데 쓰이는 로켓들은 공장에서 제조된 엔진에서 나오는 타는 연료를 사용해. 어떤 로켓들은 몇 백 미터나 몇 킬로미터 위까지 날아올라가기도 하지. 물론 그런 로켓을 다룰 때에는 꼭 어른의 도움을 받아야 해. 동네 문구점 같은 곳에 가면 더 많은 로켓이 있고, 잘 찾아보면 집 가까이에 모형 로켓 동아리도 하나쯤 있을 거야.

로켓 연료

우주 탐험에 쓰이는 로켓들은 연료를 태울 때 생기는 팽창된 기체를 동력으로 삼아. 옛날 로켓들은 화약 가루를 썼지만, 현대의 로켓들은 액체 산소와 그 밖의 연료들을 사용하지. 세계 최초의 로켓은 중국에서 만들어졌어. 중국인들은 2천 년도 더 전에 벌써 로켓을 만들었거든.

직접 만들어 보기
로켓 1호

★잠깐! 로켓을 쏘아올릴 때는 언제든 조심해야 해.
반드시 공원이나 넓은 운동장처럼 넉넉하게 트인 곳을 발사 장소로 잡아.
둘레에 깨질 물건이 있는지 살펴보고, 주위에 사는 사람들에게 어떤 일이 일어날지
미리 얘기해 두는 것도 잊지 말아야 해.

준비물: 풍선, 종이 수건이나 두루마리 휴지의 마분지 원통, 접착제, 가위, 공작용 색종이, 굵은 빨대, 빨대에 넉넉하게 들어갈 가는 막대기 (뜨개질용 대바늘이 좋아)

❶ 원통 속에 풍선을 넣어. 풍선 주둥이는 원통 밑으로 빼놓아야 해. 풍선 끝에 접착제를 한 방울 떨어뜨리고 그 부분을 원통 안쪽 맨 위쪽에 꼭 붙여.

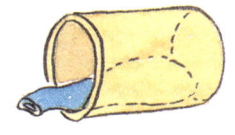

❷ 공작용 색종이를 잘라 수직 날개를 세 개 만들어 원통 밑 부분에 붙여.

❸ 공작용 색종이에서 동그라미 모양을 잘라낸 다음, 거기에서 삼각형을 하나 오려내. 마치 피자 한 조각을 잘라내는 것처럼. 그 동그라미를 고깔 모양으로 접어서 접착제로 붙여. 그리고 그것을 다시 원통 꼭대기에 붙여서 뾰족한 로켓 머리를 만들어.

❹ 굵은 빨대를 원통 옆에 접착제를 이용하여 붙이고, 모두 마를 때까지 기다려.

❺ 가는 막대기(대바늘)가 똑바로 하늘을 향하도록 바닥에 꽂아. 풍선을 불어서 원통 안을 세게 압박하도록 해. 풍선이 부풀어 일부가 원통 밑으로 나올 정도가 되면 준비가 된 거야. 풍선 주둥이를 꽉 잡되, 묶지는 마. 마지막으로 로켓에 달린 빨대를 바닥에 세워놓은 막대기에 끼워 넣어.

❻ 준비가 됐으면 풍선 주둥이를 놓아 봐. 풍선에서 빠져나오는 공기가 로켓을 공중으로 쏘아 올릴 거야.

 ## 스푸트니크호

인공위성 발사는 인류의 태양계 탐험 역사에서 대단히 중요한 이정표가 된 사건 중 하나야. 위성이란 달처럼 행성의 둘레를 도는 물체를 말해. 오늘날 지구 둘레의 궤도에는 몇 백 개나 되는 인공위성이 있어. 심지어 화성을 비롯한 다른 행성 궤도에도 인공위성이 돌아. 인공위성들 가운데 어떤 것들은 텔레비전 신호나 휴대폰 통화를 중계하는 따위의 일상적인 일들을 하는 데 쓰여. 또 어떤 것들은 지구의 날씨 상황을 조사하거나, 자동차의 내비게이션 같은 장치에 현재 위치를 알려주는 일 들을 하지. 그 밖에 과학 기구, 예를 들면 별과 행성들을 관찰하는 망원경 같은 것들이 설치되어 있는 인공위성도 있어.

처음으로 인공위성을 발사한 나라는 소련이야. 소련은 1957년에 스푸트니크라고 이름 붙인 인공위성을 발사해 지구 둘레의 궤도에 올려놓았지. 소련은 지금은 없는 나라야. 하지만 1922년부터 1991년까지 러시아, 우크라이나, 벨로루시를 비롯한 여러 나라들을 포함하는 큰 나라였어.

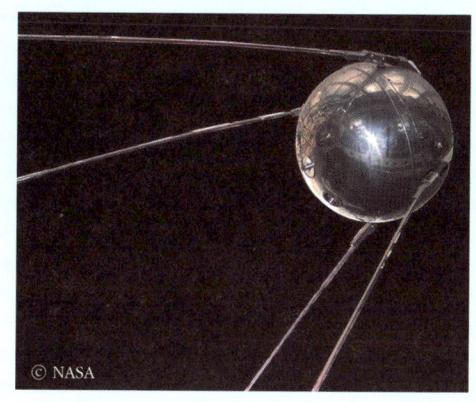

〈인간이 만든 최초의 우주선 '동반자'〉

인류가 처음으로 쏘아올린 인공위성 이름은 '스푸트니크' 호야. 소련(1900년대에 러시아, 우크라이나 들로 이루어진 연방국가)이 1957년 10월 4일에 발사한 우주선으로 러시아어로 '동반자'라는 뜻이라고 해. 스푸트니크호는 안테나가 4개 달린 공 모양이며, 시속 3만 킬로미터의 속도로 지구 궤도를 96분마다 한 바퀴씩 23일 동안 돌았어. 하지만 이듬해 1월 4일 지구 대기권으로 들어와 불에 타 사라져 버렸지.

 낱말 콕콕

위성 : 우주에서 자기보다 더 큰 천체 둘레를 도는 천체. 자연적인 것이든 사람이 만든 것이든 상관없음.

직접 만들어 보기
스푸트니크 위성

이번에 만들 모형은 크기가 진짜와 같은 스푸트니크호야. 스푸트니크호는 매우 작았어. 그래도 안에 무선 송신기와 그 밖의 장비들이 갖춰져 있어서 무게가 83.6킬로그램 정도 되었지. 그에 견줘 허블 우주 망원경은 무게가 12톤이나 나갈 정도로 엄청나게 크고 무겁지.

준비물
- 지름이 60센티미터쯤 되는 커다랗고 둥근 풍선, 또는 공.
- 기다란 나무 자
- 밀가루
- 물
- 커다란 그릇
- 신문지
- 알루미늄박 (은박지)
- 마분지
- 두루마리 휴지의 마분지 원통
- 철사 옷걸이
- 점토
- 접착제

❶ 풍선을 불어 지름이 60센티미터쯤 되게 만들고 주둥이를 묶어. 그리고 그릇에 물과 밀가루를 넣고 잘 섞어 줘. 이건 종이 찰흙을 만들기 위한 거야.

❷ 신문지를 길게 여러 갈래로 찢어 밀가루를 탄 물에 담가. 그 신문지 조각들을 풍선에 얹어 구를 만들어. 신문지 조각으로 풍선을 완전히 덮은 뒤 잘 말려.

❸ 구 겉면에 골고루 접착제를 뿌리고 알루미늄박으로 싸서 붙여. 가능하면 겉면에 주름이 안 생기도록 고르게 붙여 봐. 남거나 접혀서 튀어나오는 부분은 가위로 다 잘라 내.

❹ 이 책 169쪽에 있는 공작본 C 같은 모양의 마분지 조각을 네 개 오려내. 그것들을 선 따라 접어서 쐐기 모양으로 만들어. 그 쐐기들을 그림처럼 일정한 간격을 두고 구 옆면에 나란히 붙여.

❺ 두루마리 화장지의 마분지 원통을 반으로 잘라. 그것들은 다시 세로로 자른 다음, 작은 원통이 되도록 가장자리가 겹치게 말아서 테이프로 고정시켜. 그러면 이제 쐐기의 입구 안에 끼워 넣을 수 있는 작은 원통 네 개가 만들어진 거야. 원통 일부가 밖으로 비어져 나오도록 쐐기 안에 넣고 접착제로 붙여.

❻ 철사 옷걸이 네 개를 펴서 반듯하게 만든 다음, 각각 원통들 안에 끼워. 철사들이 길게 원통 밖으로 비어져 나오게 될 거야. 그런 다음 점토를 발라서 철사를 고정시켜. 이 철사들은 무선 신호를 지구로 보낼 안테나야. 이렇게 해서 스푸트니크호와 똑같이 생긴 모형이 완성되었어.

아하! 그렇구나!

세계에서 가장 큰 인공위성은 국제 우주 정거장이야. 물론 가장 큰 자연 위성은 지구를 도는 달이고.

 **기구 비행기**

    기구는 가벼운 기체나 뜨거운 공기를 채워 넣어 잘 뜨게 만든 커다란 풍선을 말해. 기구는 지구와 그 밖에 우리 태양계의 행성들을 탐사하는 데 쓰여 왔지. 기구에 사람이 탄 것은 1793년에 프랑스의 '몽골피에' 형제들이 띄운 열기구가 처음이었어.

기구는 지구의 대기를 이루는 공기층을 조사할 과학 기구들을 들어 올리는 데 쓰이기도 해. 대기를 연구하면 날씨를 이해하는 데 큰 도움이 되거든. 날씨 관측 기구는 온도계나 압력을 측정하는 기압계 같은 과학 기구들을 높은 대기 속으로 싣고 가는 역할을 하지.

1984년 소련 우주국은 '베가 금성 탐사 계획'의 일부로, 기구를 이용해 금성의 대기 속에 과학 기구를 떨어뜨렸어. 이런 측청 임무를 수행하는 데 쓰이는 기구를 경기구 또는 에어로봇이라고 해.

금성 탐사

과학자들은 로켓으로 금성에 보낸 기구 비행기의 도움으로, 금성의 대기에 햇빛을 가두어 온실 효과를 일으키는 기체들이 있다는 사실을 알아냈어. 바로 그 때문에 금성이 수성보다 더 뜨거운 것이었어. 수성이 금성보다 오히려 태양에 더 가까워서 햇빛을 훨씬 더 많이 받는데도 말이지. 이것은 다른 행성을 연구하는 것이 우리 지구를 좀 더 아는 데 얼마나 도움을 주는지 말해주는 좋은 예야.

직접 만들어 보기
공기 비행기

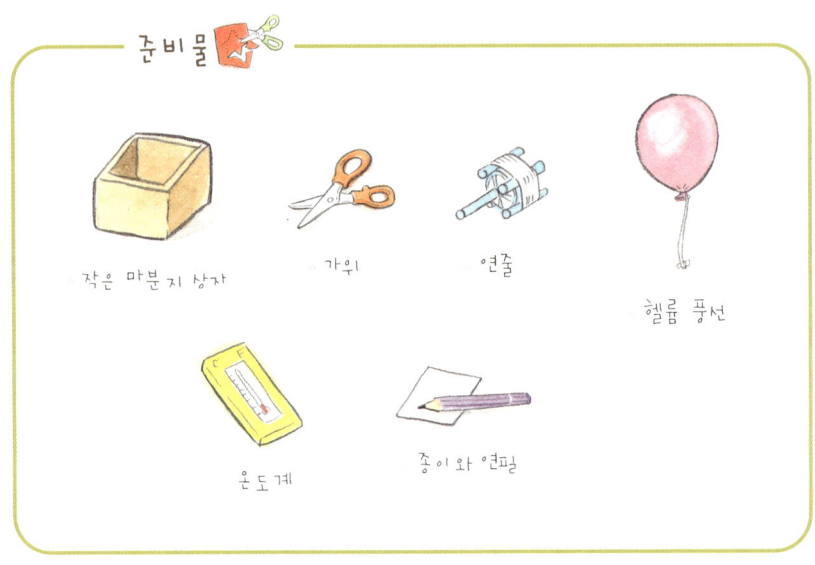

❶ 상자의 네 옆면 위쪽에 각각 작은 구멍을 내. 구멍으로 짧은 줄을 통과시켜서 한데 묶고, 그 줄을 헬륨 풍선 주둥이와 연결해서 상자를 매달아. 그리고 실패에 감겨 있는 연줄의 끝을 풍선에 묶어.

❷ 온도계로 땅에서의 기온을 재고 그 값을 종이에 적어 놓아.

❸ 온도계를 상자에 넣고, 연줄을 풀어 풍선을 최대한 높이 띄워. 연줄은 놓치지 않도록 꼭 잡고 있어야 해. 될 수 있으면 높은 곳에서 기온을 잴 수 있도록 연줄을 끝까지 다 풀어.

❹ 연줄을 최대한 빨리 감아서 풍선과 온도계를 내려. 그리고 얼른 온도계를 꺼내어 수은주가 움직이고 있는지 살펴봐. 수은주가 올라가는 중이라면 그것은 하늘 높은 곳은 더 서늘하다는 뜻이야. 반대로 내려가고 있다면 저 위쪽은 더 따뜻하다는 뜻이겠지. 온도를 적고 온도의 차이를 계산해 봐. 오늘은 차이가 있을 수도 있고 전혀 없을 수도 있지만, 다른 날에 해보면 결과가 다를 수 있어.

우주의 기구들

우주 비행의 초기에는 로켓이나 비행기 없이 인류를 우주에 최대한 가까이에 보내기 위해 기구들이 쓰이기도 했어. 가장 높은 곳에서 낙하산을 타고 내려온 기록은 1960년에 달성되었어. 비행기가 아니라 엑셀시오르 3호라는 기구의 도움을 받아서였지. 기록의 주인공은 조셉 키팅거라는 군인이었는데, 자그마치 3만 미터가 넘는 곳에서 뛰어내렸어. 그렇게 뛰어내린 목적은 인간이 우주 가까이에서 다시 대기 속으로 들어올 때 과연 살아남을 수 있을지 실험해 보는 것이었다고 해.

독수리의 착륙

스푸트니크호의 발사로 소련과 미국 사이에 불꽃 튀는 경쟁이 벌어졌어. 이것을 흔히 '우주 경쟁'이라고 하지. 우주 경쟁은 우주의 어떤 목표에 누가 먼저 도달하는지 겨루는 것이었어. 소련은 스푸트니크호의 성공에 이어서 1961년에 우주 비행사 유리 가가린을 처음으로 우주에 보냈고, 1963년에는 '테레쉬코프'라는 여성을 보내는 데 성공했지. 미국은 소련이 스푸트니크호를 발사한 다음 해인 1958년에 미국 항공우주국, 곧 '나사(NASA)'를 세웠어. 나사는 차츰 소련을 따라잡았어. 그리고 1969년에 먼저 사람을 달에 보내는 데 성공함으로써 달 착륙 경쟁에서 앞서기 시작했지.

달을 탐사하려는 나사의 계획을 아폴로 계획이라고 해. 닐 암스트롱과 버즈 올드린이 인류 역사상 처음으로 달에 발을 디디게 한 것은 이 계획의 11번째 임무였어. 초기의 임무는 우주신 답승 시험, 그리고 착륙하지 않고 달의 둘레를 도는 것이었지. 달에 착륙하는 데 쓰인 우주선이 두 가지였어. 하나는 달 둘레의 궤도에 머물러 있던 사령선으로 우주 비행사 마이클 콜린스가 조종한 것이고, 또 하나는 달착륙선, 독수리호야.

우주 경쟁

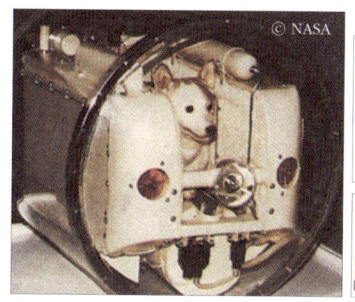  

〈우주 개 '라이카'〉 〈라이카 우표〉 〈불에 탄 아폴로 1호〉

우주 경쟁은 1950년대쯤 자본주의를 대표하는 미국과 사회주의를 대표하는 소련(지금의 러시아)이, 우주 진출을 놓고 벌인 비공식적인 경쟁을 말해. 이 과정에서 인공위성을 통해 우주 공간을 탐사했으며, 인간을 우주에 보내고 달에 착륙하기도 했어. 반면에 소중한 목숨을 잃은 경우도 많았지. 1957년 11월 3일, 소련은 스푸트니크 2호에 '라이카'라는 개를 태워 지구 밖으로 보냈어. 그런데 이 위성을 돌아오게 하는 방법이 없었기 때문에 라이카는 우주에서 죽음을 맞이해야 했지.

우주 경쟁에서 소련에 한발 뒤진 미국도 '아폴로 계획'을 세워 가장 먼저 달에 사람을 보내려고 하였지. 서두른 탓이었는지, 1967년 아폴로 1호의 발사 훈련 중에 불이 나서 승무원 세 사람이나 목숨을 잃기도 하였어. 결국 아폴로 2호, 3호는 취소되었고, 여러 어려움을 겪은 끝에 1969년 7월 16일에 아폴로 11호가 발사 되었지. 그리고 4일 뒤에 닐 암스트롱은 인류 최초로 달에 발을 딛었어.

직접 만들어 보기
착륙선, 독수리호

각 아폴로 계획에는 저마다 다른 착륙선이 쓰였어. 아폴로11호에 쓰인 달착륙선을 흔히 독수리호라고 하지. 여기에서는 이 독수리호의 모형을 만들어 볼 거야.

❶ 먼저 마분지 상자를 준비해. 그리고 상자 윗면과 아랫면의 네 귀퉁이를 대각선으로 자르는 거야. 꼭짓점에서 꼭짓점 길이의 3분의 1쯤 되는 지점으로 대각선이 지나간다고 생각하면 돼. 그런 다음 이 귀퉁이가 잘려나가지 않게 한쪽 옆면만 세로로 잘라. 그러면 한쪽으로만 이어진 귀퉁이가 네 개 생기겠지? 그것을 상자 안쪽으로 잘 접어넣어서 테이프로 붙이고 팔각형 상자로 만들어 봐.

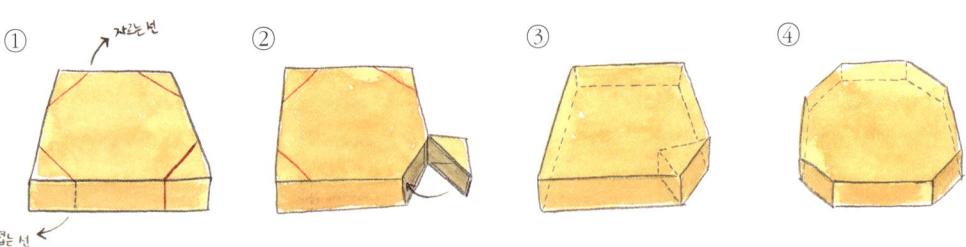

❷ 상자를 금색 아스테지나 금박지로 씌워. 또 빨대 네 개와, 병뚜껑 네 개, 그리고 이쑤시개 서른여섯 개도 마일라 비닐로 싸. 이건 먼저 얇은 마일라 비닐을 알맞은 크기로 자르고, 빨대나 막대기에 접착제를 바른 뒤 비닐 조각으로 싸는 식으로 하면 돼.

❸ 이제 착륙선의 다리를 만들 차례야. 먼저 빨대를 길이가 15센티미터쯤 되게 잘라. 그리고 한쪽 끝을 병뚜껑 안쪽에 붙여.

❹ 이쑤시개 두 개를 반으로 잘라. 그렇게 해서 생긴 네 토막 중 두 개를 빨대의 반대편 끝에 붙여. 그리고 그 이쑤시개의 다른 쪽 끝을 귀퉁이를 잘라 만든 상자의 새 옆면에 붙여. 그런 다음 온전한 이쑤시개 두 개를 같은 옆면 두 모서리의 밑바닥에서 똑바로 빨대에 붙이는 거야. 이러면 다리가 일정한 각도로 뻗어 있게 되지. 끝으로 이쑤시개 두 개를 더, 빨대 맨 위에서 비스듬히 상자의 밑바닥 모서리들에 붙여 봐.

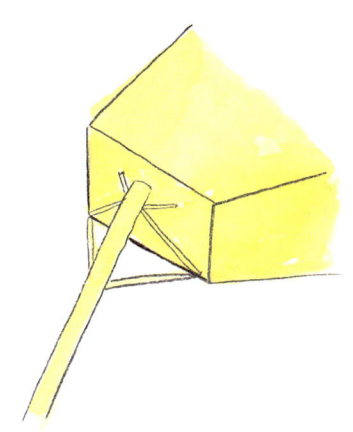

❺ 3번과 4번 단계를 세 번 더 해서 다리 세 개를 더 만들어. 남은 이쑤시개들은 반으로 자르고, 그 중 열 개를 다리 하나에 사다리 모양으로 나란히 붙여. 그러면 달착륙선의 아랫부분이 완성돼.

❻ 마분지로 책 뒤(171쪽, 173쪽)의 공작본 D 하나와 공작본 E 두 개를 조심스럽게 오려. 그리고 본에 그려진 점선대로 접고 접착제로 붙여. 이것은 달착륙선의 윗부분이 될 거야. 알루미늄박(은박지)으로 그것들을 잘 싸서 아랫부분 위에 단단히 붙이면 전체 모양이 만들어져.

❼ 검은 매직펜으로 정면에 창문을 두 개, 그리고 사다리 위에 문을 하나 그려 넣으면 모든 작업이 끝!

아하! 그렇구나!

아폴로 계획에 따라 달에는 반사경들이 설치되었어. 과학자들은 지구에서 그 반사경에 레이저 광선을 쏜 다음, 그 광선이 반사되어 돌아오는 시간을 재서 달까지의 정확한 거리를 계산한다고 해.

# 자기 궤도 발사대

달이나 화성, 혹은 태양계의 다른 곳에 우주선을 보내려면 일단 지구에서 쏘아 올려야 하겠지? 그러려면 굉장히 많은 에너지를 써야 해. 우주선을 발사할 때 필요한 에너지의 대부분은 우주선이 지구를 벗어날 때 쓰인다고 해. 그러니까 지구를 벗어나서부터 목적지로 가는 데는 훨씬 적은 에너지가 드는 거야.

어떤 물체를 우주로 내보낼 때는 대개 로켓이 쓰였어. 인공위성을 지구 둘레의 궤도에 올리든, 탐사선을 태양계의 다른 곳으로 보내든 마찬가지였지. 하지만 로켓 말고도 다른 방법들이 있는데, '자기 궤도 발사대'도 그 가운데 하나야. 자기 궤도 발사대는 '자기 궤도 총'이라고도 해. 그렇다고 사냥 따위를 떠올릴 필요는 없어. 이름은 총이지만 총알을 발사하지는 않거든. 로켓은 팽창된 기체를 내뿜으며 떠올라 물체를 밀어올리지만, 궤도 총은 자기력으로 물체를 발사하는 장치야.

정지 궤도 위성의 발명가이기도 한 '아서 클락(1917~2008)' 같은 과학 소설 작가들은 이 궤도 발사대를 이용해 지구에서 우주선을 발사할 수 있다고 생각했어. 물론 실제로 그런 일이 벌어지지는 않았지. 하지만 만약 먼저 달이나 화성에 영구적인 기지를 만들고, 거기에서 다시 사람과 화물을 실은 우주선을 발사하게 된다면 어쩌면 궤도 발사대가 쓰일지도 몰라. 화성과 달은 모두 지구보다 중력이 작아서 어느 쪽에서 발사하든 지구보다는 에너지가 덜 들 테니까.

정지 궤도 : 지구의 자전과 똑같은 속도로 지구 둘레를 도는 위성의 궤도. 위성이 정지 궤도에 있으면 지구 표면의 늘 같은 지점 위에 떠 있게 됨.

실험1

직접 만들어 보기
모형 자기 궤도 발사대

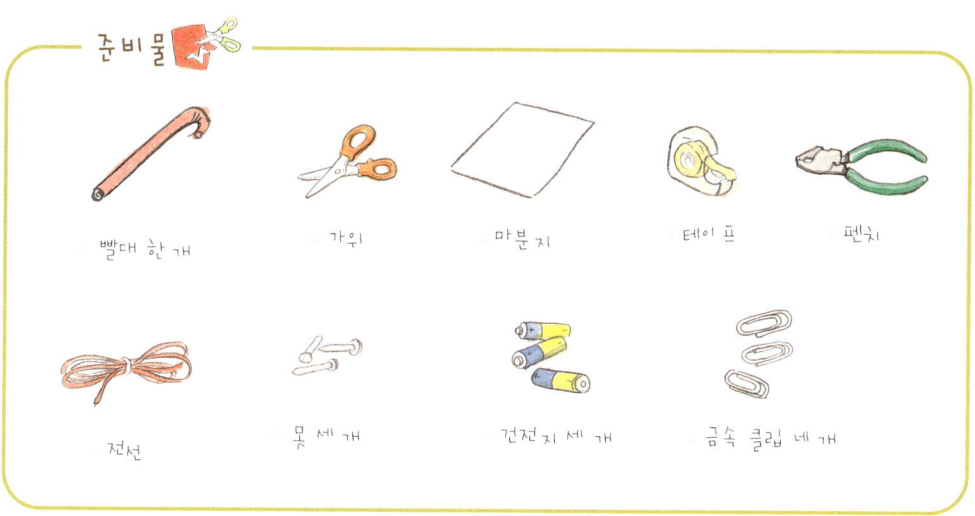

준비물: 빨대 한 개, 가위, 마분지, 테이프, 펜치, 전선, 못 세 개, 건전지 세 개, 금속 클립 네 개

❶ 빨대를 세로로 반으로 잘라. 이것은 궤도 발사대의 레일로 쓸 거야. 마분지에서 안장 모양의 받침대 두 개를 오린 뒤, 큰 마분지 조각 위에 세워 붙여. 그런 다음 잘린 빨대들을 그림처럼 받침대 위에 붙여서 고정해.

❷ 이번에는 전자석을 하나 만들 거야. 먼저 전선으로 못 하나를 적당히 감아. 그리고 그 전선 한쪽 끝을 건전지 양극에 붙이고, 다른 한쪽 끝은 클립과 연결해. 다시 새로운 전선 한쪽 끝을 건전지 음극에 붙이고, 그 전선의 반대쪽은 클립 아래에 붙여. 클립을 만질 수 있도록 클립 위에 작은 마분지 조각을 붙여. 이건 스위치 버튼을 만드는 거야. 버튼을 누르면 회로가 연결되도록 클립을 구부려. 회로가 연결되면 못이 자석으로 변한다는 거 알고 있지? 이런 식으로 전자석을 두 개 더 만들어 봐.

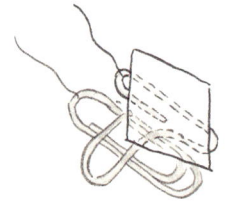

❸ 작고 곧은 클립 하나를 잘라서 레일 위에 얹어 봐. 이젠, 전자석 하나(못)를 레일 아래쪽에 놓아. 이때 전자석의 위치는 회로가 연결되면 레일 위의 클립이 앞으로 당겨질 수 있을 만큼 클립보다 앞쪽이어야 해. 딱 맞는 위치를 찾으려면 여러 번 자리를 옮겨야 하니까 인내심을 가지고 해 봐.

❹ 다음 두 개의 전자석은 첫 번째 전자석보다 아래에 비슷한 간격으로 놓아. 이것들도 첫 번째 것과 마찬가지로 회로가 연결되면 레일 위의 클립을 잡아당길 수 있어야 해.

❺ 세 개의 전자석에 각각 버튼을 달아. 세 개를 나란히 놓고 재빨리 차례대로 누를 수 있도록 하면 좋겠지? 버튼을 테이프로 바닥에 고정시켜.

❻ 클립이 한 자석 쪽으로 끌려가자마자 그 회로가 끊어지고 다음 회로가 켜지도록 버튼을 차례대로 재빨리 한번 눌러 봐. 이걸 제대로 하려면 연습을 좀 해야 할 거야. 클립이 레일의 한쪽 끝에서 다른 쪽 끝으로 휙 지나가거나 심지어 레일 끝에서 떨어지게 할 수 있어야 하거든.

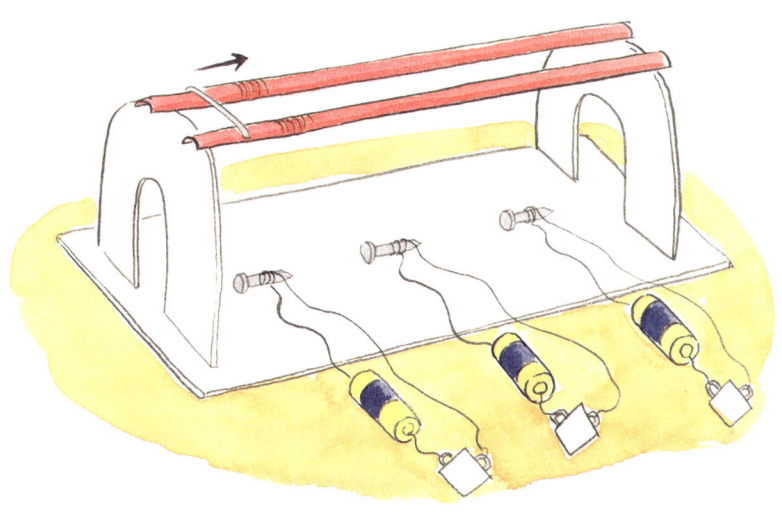

진짜 궤도 발사대

실제 크기의 궤도 발사대는 훨씬 커. 몇 천 개가 되는 전자석이 쓰이고, 컴퓨터가 치밀하게 시간에 맞춰 그 자석들을 켜거나 끄지. 각 전자석들은 조금씩 힘을 모아 속도와 힘을 만들어 내. 레일은 끝 부분에서 위로 구부러졌는데, 이건 물체가 발사되어 머리 위 우주로 향하도록 한 거야. 언젠가는 달에서 이런 발사대를 이용해 화성으로 사람을 보내거나 쓸모있는 물질들을 지구로 보낼 수 있을지도 몰라.

직접 만들어 보기
모형 우주 엘리베이터

우주선이나 화물, 그리고 사람을 행성에서 궤도로 올리는 또 하나의 방법이 바로 우주 엘리베이터야. 이것을 이용하면 훨씬 싼 비용으로 사람이나 물체를 우주에 보낼 수 있어. 대신 아주 길고 강한 케이블 다발을 써서 만들어야 하지. 케이블의 한쪽 끝은 지구에 닿아야 하는데, 아마 그 위치는 적도 부근의 에콰도르나 브라질 같은 나라의 어느 곳이 될 거야. 다른 쪽 끝은 지구 위에 떠 있는 커다란 정지 궤도 위성과 연결되어야 해.
우주 엘리베이터는 케이블을 끌어올리는 모터나 평형추 장치를 이용해서 화물을 우주로 들어 올릴 수 있어.

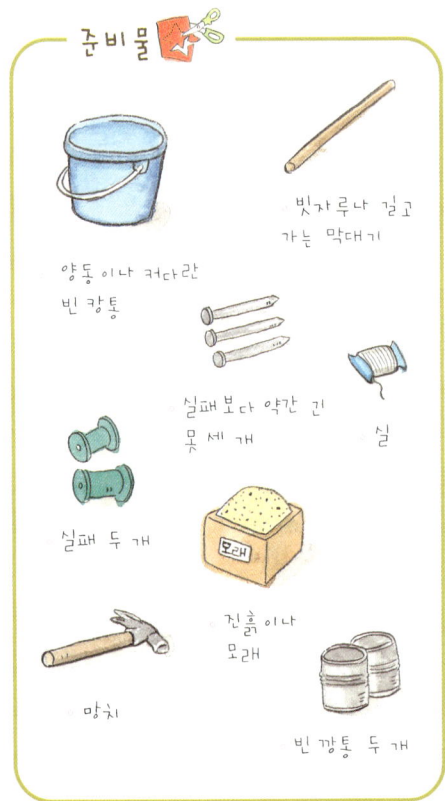

준비물
- 양동이나 커다란 빈 깡통
- 빗자루나 길고 가는 막대기
- 실패보다 약간 긴 못 세 개
- 실
- 실패 두 개
- 모래
- 진흙이나 모래
- 망치
- 빈 깡통 두 개

❶ 양동이에 진흙이나 모래를 가득 담아. 그리고 긴 막대의 한쪽 끝을 땅에 꽂아 똑바로 세워.

❷ 실패 구멍에 못 하나씩을 끼워. 이건 도르래를 만드는 작업이야. 망치로 실패에 끼운 못을 빗자루 옆면에 박아. 실패 하나는 빗자루의 맨 윗부분에, 또 하나는 맨 아랫부분에 달리도록 박아.

❸ 남은 못으로 두 깡통 밑바닥 한가운데에 각각 구멍을 뚫어. 깡통 위쪽 테두리에도 구멍 두 개를 서로 마주보도록 뚫어. 실을 적당히 끊어서 깡통 테두리쪽 두 구멍에 끼워서 깡통 손잡이가 되도록 해.

❹ 두 깡통 중 하나의 손잡이를 막대기 위쪽 실패의 못에 걸어.(이건 임시로 하는 거야.) 실

하나를 이 깡통 바닥에 뚫린 구멍 속으로 잡아 빼. 그리고 다시 구멍 밖으로 빠져 나가지 못하도록 깡통 위로 나온 실 끝을 묶어 매듭을 지어. 다른 쪽 끝은 막대기를 따라 아래로 내려서 실패에 한 번 감아. 그런 다음 두 번째 깡통을 막대기 맨 아랫부분에 놓고, 그 실 끝을 밑바닥 구멍을 통해 위로 빼서 앞에서 한 것처럼 매듭을 지으면 돼.

❺ 실을 또 하나 끊어서 밑의 깡통 손잡이 실에 묶어. 그것을 막대기 위로 당겨서 실패에 한 번 감아. 그 다음 이 실 끝을, 첫 번째 깡통을 실패에서 내린 뒤 그 손잡이 실에 묶어.

❻ 한 깡통에 화물을 실어 봐. 아무 거나 그 모형 엘리베이터로 실어 올릴 수 있는 거면 돼. 장난감 우주 비행사 같은 것이면 아주 좋겠지?

❼ 위에 있는 다른 깡통에는 진흙이나 모래를 담아. 아래 깡통의 균형추 노릇을 할 수 있을 만큼 양이 적당해야 해. 두 깡통이 균형이 맞으면 막대기 중간에 둘 다 매달려 있게 돼. 엘리베이터를 올리거나 내리는 데는 아주 작은 힘밖에 안 들 거야.

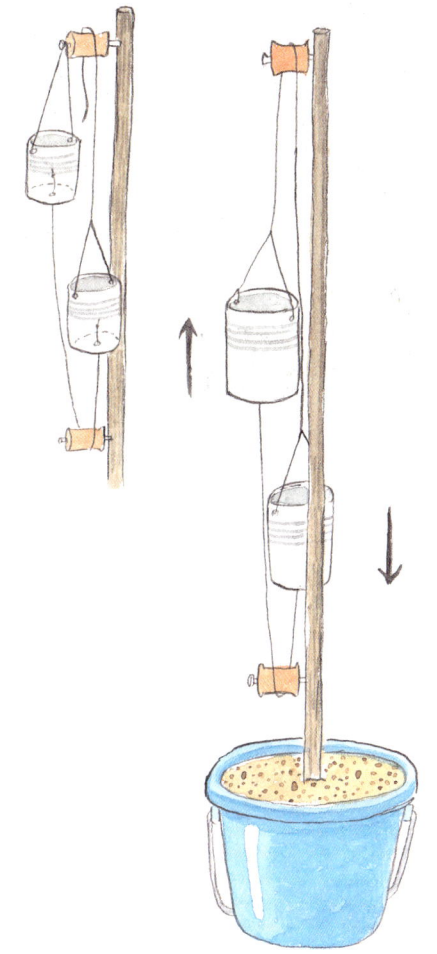

14만4천 킬로미터의 높이

과학자들은 이런 엘리베이터를 실제로 만들면 어떨지 알아보고 있어. 그 엘리베이터의 높이는 14만4천 킬로미터가 넘을지도 몰라. 그리고 사람이나 화물을 우주로 보내는 데 드는 비용은 지금의 1000분의 1로 줄어들 수도 있어. 꼭대기의 도르래는 정지 궤도의 위성이 될 테니까, 우리가 만든 모형처럼 거대한 막대를 쓸 일은 없겠지. 필요한 건 엄청나게 긴 케이블뿐일 거야.

태양풍 항해

　우주선을 궤도나 달에, 아니면 근처의 또 다른 천체에 보내는 데는 로켓이면 충분할지도 몰라. 로켓은 이미 사람을 달에 태우고 갔다 돌아온 적이 있으니까. 하지만 태양계 바깥쪽 행성으로 가는 좀 더 긴 여행은 로켓으로는 어림도 없어. 로켓은 연료를 태워서 움직이기 때문에, 먼 여행을 하려면 연료를 그만큼 많이 실어야 해. 게다가 연료가 많을수록 로켓은 무거워져. 이건 다시 말하면 발사하는 데 더 많은 연료가 필요하다는 얘기야.

　우주 장기 여행에서 생기는 이런 문제를 푸는 방법 가운데 하나가 바로 태양풍 돛을 이용하는 거야. 태양풍은 지구의 바람과는 달라. 지구의 바람은 대기의 공기 온도가 변하는 데서 비롯되는 현상이지. 하지만 태양풍은 태양이 내뿜는 작은 알갱이(=입자)들의 흐름이거든. 여기서 알갱이란 대개 전기를 띤 수소와 헬름의 원자, 이른바 이온을 말해.

　태양풍은 지구의 바람과 달리 방향이 바뀌지 않아. 늘 태양에서 바깥쪽으로 밀려 나아가. 그래서 우리가 지구를 떠나 태양에서 멀어지는 쪽으로 여행을 하려 한다면 이 태양풍을 타면 돼. 태양풍이 밀어주는 힘이 썩 세지는 않아. 하지만 먼 길을 가는 우주선이라면 시간이 지남에 따라 매우 큰 속도를 얻을 수도 있을 거야.

　첫째, 이 우주선은 큰 돛이 필요 없어. 돛은 로켓이나 궤도 발사대, 우주 엘리베이터 같은 수단에 의해 발사된 뒤 펼쳐질 거야. 우주선이 우주에 들어온 뒤에야 돛이 펼쳐지기 때문에 그 돛은 지구에서보다 훨씬 크면서 무게는 더 가벼울 수 있어.

　둘째, 태양풍이 미는 힘은 우주선이 처음 출발할 때에는 보잘 것 없을 거야. 그러나 우주에서는 우주선의 움직임을 방해할 게 거의 없어. 바퀴의 마찰이나 바람의 저항도 전혀 없지. 게다가 태양에서 더 많은 알갱이들이 끊임없이 방출되면서 태양풍은 우주선의 속도를 자꾸 높여 준다고. 따라서 처음 미는 힘에 따른

태양풍

　태양풍과 태양에서 빛나는 빛을 혼동하지 마. 태양풍은 햇빛이 아니라 원자를 구성하는 작은 알갱이의 흐름이니까. 이 알갱이들은 태양에서 매우 빠른 속도로 방출돼. 태양풍의 가장 빠른 부분은 한 시간에 약 3백만 킬로미터를 이동하는 속도로 태양을 떠나고 있어. 그건 굉장히 빠른 속도지만, 빛에 비하면 엄청 느린 거야. 빛은 자그마치 한 시간에 약 1070만 킬로미터를 가거든.

　게다가 태양풍은 꾸준히 그 속도를 유지하지도 못해. 우주 공간이 진짜로 비어 있는 게 아니기 때문에 태양에서 멀어지면서 점점 느려지지. 우주 공간에는 '성간매질' 이라고 하는, 수소와 헬륨으로 이루어진 아주 옅은 가스가 있어. 태양풍은 이 성간매질을 뚫고 지나가면서 조금씩 느려져. 그래서 태양에서 94에이유(AU)쯤 되는 곳에서는 겨우 소리의 속도 정도로 가지. 이 지점을 '말단충격' 이라고 해. 2004년에 우주선 보이저 1호가 그곳을 지나갔어.

속도는 두 번째 받는 힘에 의해 더 커지고, 다시 세 번째, 네 번째에 의해 더욱 증가되는 거지. 그런 식으로, 태양풍으로 가는 우주선은 결국 굉장히 빠른 속도에 다다를 수 있어.

그럼 이제 태양풍으로 가는 우주선 모형을 만들어 볼까? 진짜 우주선이라면 물론 바퀴는 필요 없어. 그러니 바닥에서 생기는 마찰로 속도가 줄거나 대기에서 바람의 저항을 받지는 않을 테고. 또한 우리가 갈 수 있는 거리는 한계가 있지만, 태양은 몇 백만 년 동안 내내 빛날 거야. 하지만 우주선이 태양에서 멀어질수록 태양풍은 점점 더 넓은 지역으로 퍼져 나가면서 약해지지. 따라서 진짜 우주선은 태양에서 너무 멀어지기 전에 가능하면 많은 힘을 받을 수 있을 만큼 큰 돛을 만들어 다는 게 중요하단다.

이온 : 양자보다 전자가 적거나 많아서 플러스나 마이너스 전하를 띤 원자.

마찰 : 운동에 대한 저항

직접 만들어 보기
태양풍 동력 우주선

떠먹는 요구르트의 플라스틱 뚜껑 네 개

마분지

연필

가위

접착제

테이프

작은 마분지 상자. (큰 성냥갑이나 버터 상자 같은 것)

상자의 너비보다 긴, 가늘고 둥근 막대 두 개

빨대 여러 개

비닐 랩

헤어 드라이어나 선풍기

❶ 먼저 우주선에 달 바퀴를 만들어. 플라스틱 뚜껑 하나를 마분지에 올려놓고 그 모양을 따라 연필로 동그라미 네 개를 그려. 이것들을 잘라서 뚜껑 안에 붙여.

 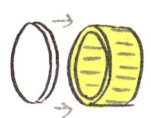

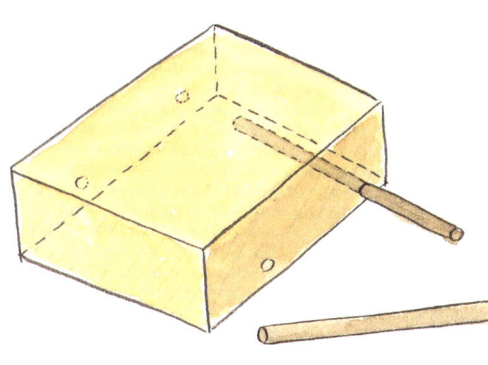

❷ 바퀴를 달 수 있게 상자의 앞뒤에 두 개씩(다해서 네 개) 구멍을 뚫어. 구멍은 막대가 들어갈 만큼 커야 해. 이제 막대를 각각 구멍에 끼워. 두 막대가 구멍 속에서 자유롭게 돌아가는지 꼭 확인해.

❸ 바퀴 중앙에 구멍을 뚫고, 거기에 막대를 끼워 넣어. 그리고 그것들을 접착제로 제자리에 붙여 넣어.

❹ 상자 꼭대기에 빨대가 꼭 끼워질 만한 구멍을 내고 거기에 빨대를 꽂아. 그런 다음 테이프로 이 빨대 맨 위에 다른 빨대 여섯 개를 별이나 꽃잎, 또는 거미집 모양으로 붙여.

❺ 마지막으로 비닐 랩을 빨대 위에 씌워서 돛을 만들어. 이제 우주선을 평평한 자리에 올려놓은 다음, 선풍기나 헤어드라이어를 돛에 대고 켜 봐. 우주선이 가니? 그럼 이번에는 좀 뒤에서 선풍기나 헤어드라이어를 켜고 '태양풍'의 미는 힘을 자꾸 보내 봐.

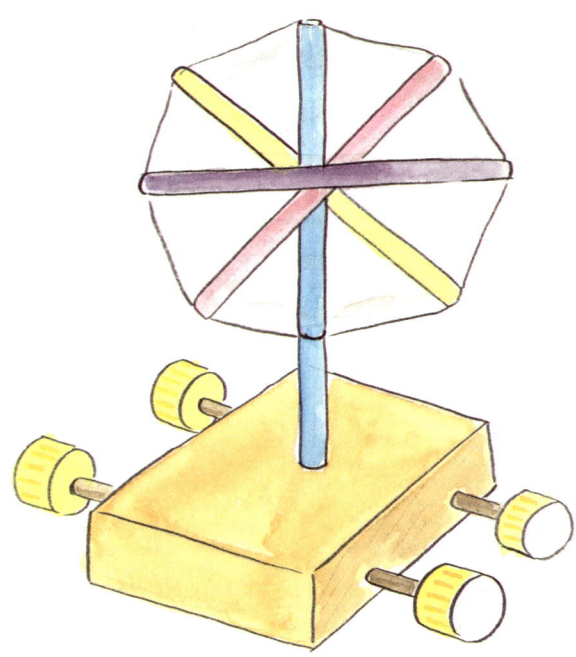

 ## 이온 추진

이온 추진은 장거리 우주 비행을 위한 또 다른 방식의 추진력이야. 이것은 유럽우주국의 스마트1호 위성과 나사(미국항공우주국)의 딥 스페이스1호 탐사선 발사에 실제로 쓰였어. 이온 추진이라는 것을 이해하려면, 먼저 이온이 무엇인지 알아야 해. 이온이란 전기를 띤 원자를 가리키는 말이야. 원자는 중심의 핵과 핵 둘레의 에너지 껍질('궤도'라고도 하는데, 전자가 실제로 궤도를 도는 것은 아님) 속의 전자들로 이루어졌어. 핵은 양전하를 띤 양자들과 전하를 띠지 않는 중성자('치우치지 않은 것')들로 이루어진 반면, 전자는 음전하를 띠어. 그래서 핵 둘레의 전자의 수(음전하의 양)가 핵 안의 양자의 수(양전하의 양)와 같으면 원자의 전체 전하의 양은 0이 되지.

하지만 전자의 수가 양자의 수보다 많으면, 원자는 음전하를 띠어. 반대로 전자의 수가 양자의 수보다 적으면, 원자는 양전하를 띠게 되고. 양이든 음이든 전하를 띠는 원자는 모두 이온이라고 한단다.

그런데 같은 전하들(양과 양, 또는 음과 음)은 서로 쫓아내고, 다른 전하들(양과 음)은 서로 끌어당긴다는 물리학 법칙이 있어. 따라서 두 음전하 이온을 붙여 놓으면 각자의 음전하 때문에 서로 밀어서 떨어지게 돼. 이런 밀치는 힘을, 우주선에 동력을 공급하는 데 이용할 수 있어. 바로 이온 추진을 통해서 말이야.

이온 추진은, 우주선 뒤로 이온을 밀어냄으로써 우주선을 앞으로 나아가게 해 줘. 우주선의 뒷부분은 전하를 띠게 될 거야. 그래서 같은 전하를 띤 이온들을 전하를 띤 부분 바로 뒤에 놓으면, 이온들이 우주선 뒤를 거세게 밀치면서 우주선을 앞으로 밀게 되지.(모든 작용에는 똑같은 정도로 반작용이 따른다는 뉴턴의 운동 법칙을 생각해 봐.) 태양풍 항해와 마찬가지로 이온 추진이 처음에 미는 힘은 아주 약해. 하지만 오랜 시간에 걸쳐 계속 밀면 속도가 점차 늘어나.

중력 새총을 이용하라

이온 추진으로 가든 태양풍으로 가든, 아니면 그 밖의 수단을 통해 움직이든, 모든 우주선은 '중력 새총'의 가속 덕을 봐. 우주선을 태양계의 먼 곳으로 보낼 때는 가야 할 길이 워낙 멀기 때문에 될 수 있으면 빠르게 가게 하려고 하지. 중력 새총은 우주선이 행성 가까이 지나가게 해서 작동시켜. 우주선은 행성에 다가감에 따라 속도가 점점 빨라지면서 행성의 중력에 이끌려 끌려가게 돼.(공이 중력 경사를 굴러 내려갈 때 바닥에 가까워질수록 속도가 빨라졌다는 게 생각나니?) 우주선은 충분히 빠르게 가면서 행성으로 똑바로 날아가지 않아야 해. 그래야 행성 둘레의 궤도로 끌려들어가지 않고 살짝 비켜 지나가면서 속도가 늘거든.

예를 들면, 2007년 3월에 뉴호라이즌스 탐사선은 목성의 중력 새총을 이용하여 시속 14,400킬로미터의 속도를 늘렸어. 덕분에 원래 있던 속도까지 합해서 시속 27,200킬로미터의 빠르기로 이동할 수 있었지. 그것은 그때까지 인간이 발사한 우주선들의 속도 가운데 가장 빠른 것이었어. 그에 비해 우주왕복선이 지구 둘레를 도는 속도는 시속 17,000킬로미터밖에 안 돼. 하지만 이 속도도 빛 속도의 12,000분의 1일 뿐이야. 그러니 이 속도로 간다면 탐사선이 겨우 1광년 가는 데도 12,000년이나 걸린다는 얘기가 되지.

직접 만들어 보기
이온 추진 배

준비물

빈 우유 갑   가위   풍선 두 개   목욕통이나 연못

❶ 우유 갑의 한 면을 잘라내. 풍선 두 개를 분 뒤 묶어. 그 가운데 하나는 우유 갑 안에 들어갈 수 있어야 해. 우유 갑을 연못이나 목욕통에 놓아.

❷ 풍선 두 개를 머리에 대고 빠르게 문질러. 함께 있는 친구 머리에 문질러도 돼. 그러면 풍선에 전하가 생겨서 이온 들이 생겨나. 그런 식으로 해서 풍선 하 나를 벽에 붙일 수도 있을 거야.

❸ 전하를 띤 풍선 하나를 우유 갑 안에 얼른 밀어 넣어. 다른 풍선은 배의 뒤쪽 에 대. 두 풍선의 같은 전하가 서로 밀쳐 서 배를 쭉 밀어줄 거야.

이온

이 작은 알갱이들이 지구의 자기장에 부딪치면, 북극광과 남극광, 곧 북극의 오로라와 남극의 오로라가 생겨나. 오 로라가 지구의 남극과 북극에서 잘 나 타나는 까닭은 바로 거기에서 지구의 자기장이 가장 세기 때문이야.

지진계

　지진계는 지구를 이해하는 데 쓰이는 도구 가운데 하나지만, 다른 행성들을 연구하는 데도 이용되어 왔어. 지구는 지진 활동이 활발한데, 이것은 녹은 맨틀 위의 지각판 운동이 지진과 화산 활동을 일으킨다는 뜻이지. 지진계는 그런 지구의 운동을 측정하는 도구야. 하지만 화성 탐사선 바이킹 호처럼, 다른 행성에 착륙한 탐사선에도 지진계가 설치되었어.

　그런 지진계를 간단하게 만들어 볼 수 있어. 그 모형 지진계를 안전한 곳, 예를 들면 다른 사람이나 애완동물이 없고 바람에 방해 받지 않을 곳에 설치해 봐. 사람들의 발걸음으로 바닥이 흔들려도 안 되니까 될 수 있으면 땅바닥에 가깝게 놓아야 해. 지진계를 거의 날마다 살펴보고 표시가 바뀌었는지 알아봐. 만약 바뀌었다면 작은 지진이 일어나서 움직였는지도 몰라.

직접 만들어 보기
지진계

간단히 활용해 볼 수 있는 지진계를 만들 거야. 만들기 어려운 부분은 설명대로가 아니더라도 비슷하게 만들어도 괜찮아.

준비물: 공작용 막대 여러 개, 공작용 칼, 접착제, 종이, 가위, 실, 볼펜의 작은 스프링, 작은 연필

❶ 공작용 칼로 두 개의 공작용 막대 가운데를 너비의 절반쯤만 잘라.

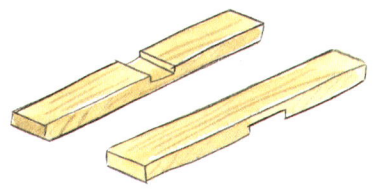

❷ 두 막대의 잘라진 부분을 합쳐서 십자가 모양으로 만들어. 이것이 받침대가 될 거야. 세 번째 막대를 받침대의 가운데에 똑바로 세워서 붙여.

❸ 종이를 잘라 기다란 조각들을 만들어. 기다란 종이 조각의 너비는 똑바로 세운 막대의 높이보다 몇 센티미터 좁게 해. 이 종이 조각들을 똑바로 세운 막대 둘레에 두루마리 모양으로 감아. 그리고 똑바로 선 막대 위에 각도가 90도를 이루도록 또 다른 막대를 붙여서 전기자를 만들어.

❹ 전기자 끝에 실을 묶어 종이 두루마리 앞에 드리워.

❺ 스프링을 그 실 끝에 묶고, 실을 또 한 줄 끊어서 그 스프링의 다른 쪽 끝에 묶어.

❻ 스프링 끝에 달린 실을 연필 둘레에 감고, 연필이 종이에 간신히 닿도록 수평으로 균형을 맞춰.

❼ 다 됐으면 지진계를 마룻바닥에 놓아. 그 바로 옆에서 몇 번 뜀뛰기를 한 다음 종이 위의 표시를 확인해 봐. 종이에 그려진 표시가 뜀뛰기가 일으킨 흔들림의 기록이야. 뜀뛰기를 더 세게 하면 연필 표시의 위치가 더 높아질 거야. 표시가 안 된 종이가 드러나도록 종이 두루마리를 풀어.(진짜 지진계는 자동으로 두루마리가 움직여서 계속 깨끗한 종이를 공급해.) 마지막으로 연필이 여전히 종이에 닿을 수 있는지 확인해. 다 됐으면 이제 안전한 장소를 찾아서 어떤 일이 벌어지는지 알아봐.

# 태양 동력 우주선

태양계를 탐험할 때 반드시 생각해 봐야 할 문제들 가운데 하나가 바로 인공위성과 우주선, 그리고 탐사 차의 동력원이야. 이런 기계들은 로켓이나 이온 추진력, 그 밖의 수단으로 목적지까지 옮겨지는 것만으로는 부족해. 왜냐하면 거기에 실린 카메라며 감지기, 컴퓨터, 통신 장비 같은 장치들에 동력을 끊임없이 공급해야 하거든. 이 문제는 그런 동력을 전지에 저장하거나 발전기의 연료 형태로 탐사 차에 실으면 해결될 수 있어. 하지만 그렇게 하면 너무 무거워져서 우주로 들어가는 데 더 많은 에너지가 필요하고, 언젠가는 전지나 연료도 다 닳고 없어져 버릴 거야.

탐사선 중에는 작은 원자력 발전기에서 동력을 얻는 것도 있어. 그러려면 연료가 필요하지만, 원자력 발전의 연료는 조금만 있어도 굉장히 오래 쓸 수 있기 때문에 별 문제는 없어. 태양도 태양계 탐사에 이용되는 동력원의 하나야. 태양 동력을 쓸 수 있다면 연료를 아무 것도 싣고 갈 필요가 없어. 태양 빛이야 태양에서 쉬지 않고 나오니까.

화성 탐사 차는 태양 전지에서 동력을 공급받아. 화성 탐사 차가 그처럼 오랫동안 탐사를 할 수 있었던 비결이 바로 그것이지. 게다가 화성의 바람이 정기적으로 불어 탐사 차의 태양 전지판에 쌓인 먼지를 날려 준 것도 큰 행운이었어. 덕분에 전지판이 깨끗해져 태양 빛을 계속 받을 수 있었으니까.

태양 동력

첫 태양 동력 우주선은 1958년에 미국이 발사한 뱅가드 1호야. 뱅가드 1호는 지름이 겨우 15센티미터밖에 안 되는 작은 인공위성이야. 지금은 더는 조종하지 않지만, 아직도 지구 둘레 궤도에 머물고 있는 가장 오래된 인공위성이지.

태양 동력을 이용하는 것은 태양에서 멀어질수록 더 어려워져. 먼 곳에서는 햇빛을 모으기가 어렵기 때문이야. 예를 들면 화성이 받는 햇빛의 양은 지구의 반밖에 안 되고, 난쟁이 행성 세레스는 겨우 지구의 10퍼센트밖에 안 돼. 이 때문에 태양 동력 우주선들은 대부분 지구나 화성 가까이에서 쓰이도록 만들어졌어. 하지만 최근에는 태양 전지의 효율성이 좋아져서 주노 호처럼 성능이 뛰어난 태양 동력 우주선이 탄생하게 되었지. 2011년에 발사하기로 되어 있는 주노 우주선은 목성 둘레를 돌면서 스스로 태양 에너지를 공급할 거라고 해.

가장 큰 태양 동력 우주선은 국제 우주 정거장이야. 이 우주선의 태양 전지판 한 개의 길이는 30미터가 넘고 너비는 12미터에 이르러. 지름 15센티미터의 뱅가드 1호를 생각하면 정말 엄청나게 발전한 거지. 미래에는 거대한 태양 동력 인공위성이 에너지를 모아 지상의 안테나로 쏘아 보내주는 동력을 쓸 수 있을지도 몰라. 하지만 그 전에 먼저 그런 인공위성을 만들 재료를 우주로 보낼 수 있는, 우주 엘리베이터처럼 값싼 수단을 만들어야 할 거야.

광전지가 작동하는 것은 반도체가 덮여 있기 때문이야. 여기에 쓰이는 반도체는 보통 인을 첨가한 실리콘이지. 실리콘은 '결정 구조'를 이루지만, 첨가된 인은 양자를 하나 더 가지고 있어서 전자를 하나 더 끌어당겨. 이 여분의 전자들은 실리콘 원자들의 구조에 제대로 결합하지 못해서, 햇빛의 광자를 맞으면 쉽게 떨어져 나와. 바로 그 여분의 전자들이 기구들, 이를 테면 전자계산기나 화성 탐사 차 같은 것들에 동력을 공급하는 거야.

언젠가 달이나 화성 같은 곳에서 사람이 살고 일할 수 있게 된다면, 거기에서 쓰이는 에너지는 아마도 태양 동력일 거야.

광전지(Photovoltaic Cells)

태양 전지는 광전지라고도 해. '광'은 빛을, 전지는 전류를 일으키는 장치를 뜻해. 말 그대로 빛을 이용해 전류를 일으키는 장치야. 특히 햇빛을 이용하는 광전지를 태양 전지라고 하지.

인 : 원소기호는 P. 질소족 원소의 하나. 뼈, 인광석 따위에 많이 들어 있고 어두운 곳에서 빛을 냄.

직접 만들어 보기
태양 동력 발전기

이 실험은 위험한 드릴을 써야 하고, 복잡하기 때문에 어른의 도움이 필요할 수 있어.

❶ 빨대와 알루미늄박으로 태양 반사경을 만들 거야. 먼저 빨대를 서로 연결해 꽤 긴 빨대를 여섯 개 만들어. 그리고 그 빨대들을 합쳐 별 모양으로 만든 뒤 테이프로 붙여. 이번에는 다른 빨대 여섯 개를, 별 모양을 이루는 빨대 끝 사이사이를 연결하도록 붙여 거미줄 모양으로 만들어.

❷ 거미줄 모양에 알루미늄박을 씌워. 될 수 있으면 꾸겨지지 않고 매끄럽게 씌워 봐. 이것은 태양 반사경으로 쓸 거야.

❸ 플라스틱 병에 물을 채워. 그런 다음 병을 검은 비닐봉지로 씌우고 반사경 한가운데에 놓아. 검은 비닐이 열을 흡수할 거야.

❹ 플라스틱 병에서 벗겨낸 마개에 구멍을 뚫어. 구멍은 뚜껑 중심에서 살짝 벗어난 자리에 뚫고, 지름은 볼펜대 크기여야 해. 다 됐으면 볼펜 대를 구멍에 집어넣어.

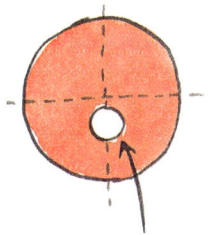

❺ 드릴로 두 개의 공작용 막대 끝에 클립의 지름 크기의 작은 구멍을 뚫어. 두 막대를 구멍 뚫린 쪽이 위로 향한 채 뚜껑의 양쪽에 붙여. 뚜껑의 치우친 구멍에 대해 90도를 이루어야 하고.

❻ 마분지에서 작은 직사각형 두 개를 오려. 직사각형은 병뚜껑 지름보다 너비가 약간 좁고 길이는 5센티미터쯤 돼야 해. 칼로 두 직사각형의 중간을 절반쯤 잘라. 그 잘린 부분을 서로 끼워서 X자 모양으로 만들어.

❼ 클립 하나를 곧게 펴서 공작용 막대들의 두 구멍으로 밀어 넣어. 클립이 구멍 속에서 자유롭게 돌 수 있어야 해. 클립이 구멍에서 빠져나오지 못하도록 한쪽 끝을 위로 구부려 놔.

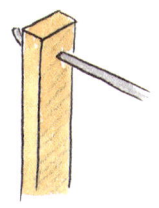

❽ X자 모양의 마분지를 클립에 붙여. 이때 X자 날개의 안쪽 구석들 가운데 하나를 클립에 나란히 걸쳐야 해.

❾ 클립의 다른 쪽 끝을 작은 자석에 감고 테이프로 붙여서 고정해. 병뚜껑을 돌려서 다시 병에 끼워. 또 다른 막대를 병의 옆면에 테이프로 붙이고, 자석 바로 아래에서 위로 비어져 나오게 해.

❿ 긴 전선의 가운데 부분을 그 막대의 끝에 테이프로 붙여. 그 전선을 둘둘 말아 자석을 에워싸며 몇 바퀴 도는 코일을 만들어. 이때 코일이 자석에 닿지 않게 하는 게 중요해.(전깃줄이 뻣뻣하지 않아 둥근 모양을 내기가 어려우면 두루마리 휴지의 원통 같은 마분지 관에 둘둘 말아서 만들어도 돼.) 자석이 코일 안에서 빙글빙글 돌아야 해.

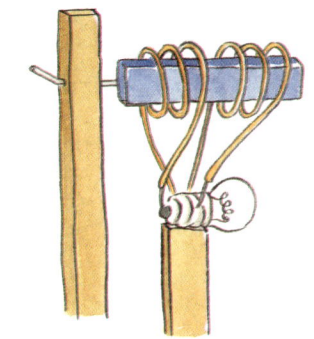

⓫ 전선의 다른 두 끝을 작은 전구에 연결해. 한 쪽은 전구의 밑에 닿고, 다른 한쪽은 옆쪽의 나선에 닿아야 해.

⓬ 이제 만든 것을 햇빛이 비치는 곳으로 가져가. 반사경의 가장자리를 접어 올려서 햇빛이 플라스틱 병에 반사되도록 해. 반사경의 테두리 밑에 돌이나 블록 같은 것을 넣어 받쳐도 돼.

⓭ 햇빛은 병 속의 물을 데우며 증기를 만들 거야. 증기는 플라스틱 관을 통해 빠져나오며 마분지 회전 날개를 돌리지. 그리고 금속 코일 안의 자석을 회전시키는데, 바로 이때 전선 속에 전하가 만들어지면서 꼬마전구에 불이 켜지게 돼. 다른 전기 기구로 실험할 수도 있어. 직접 만든 이 태양 동력 발전기로 이번에는 작은 라디오를 한번 켜 봐.

실험2

직접 만들어 보기
태양 동력 통신 센터

준비물

안 쓰는 계산기나 손목 시계, 또는 가정용 전자 회로 판에서 뗀 태양 전지(전지에 붙은 리드선 이라는 전선을 떼어내면 안 돼)

전선

손전등에 달린 꼬마전구

금속 클립

테이프

마분지

❶ 태양 전지에 붙은 리드선 중의 하나를 전구의 나선 부분에 대고 테이프로 붙여 고정해.

❷ 또다른 전선을 전구 밑부분에 테이프로 붙여 고정시킨 뒤, 한쪽 끝을 클립의 한쪽 끝에 연결해. 이 클립을 마분지 바닥에 테이프로 붙이고 한쪽 끝을 위로 구부려. 그런 다음 버튼처럼 손으로 누를 수 있게 작은 마분지 조각을 클립 중앙에 붙여.

❸ 전선 또 하나를 클립 아래 마분지 바닥에 테이프로 붙여. 클립을 누르면 회로가 연결되게 하는 거야.

❹ 그 전선의 다른 쪽 끝을 태양 전지에 붙은 다른 리드선에 대고 테이프로 붙여.

❺ 이제 이 장치를 햇빛을 많이 얻을 수 있는 곳에 갖다놔. 버튼을 누르는 것으로 전구를 켜거나 끌 수 있어. 그리고 이 전구의 빛을 이용해 모스 부호로 메시지를 보낼 수 있을 거야. 아니면 다음 장에서 직접 만들 화성 탐사 차 모형에 설치할 수도 있겠지. 진짜 화성 탐사 차는 컴퓨터 부호로 지구에 메시지를 보내지만, 동력은 여러분이 만든 것과 마찬가지로 태양전지에서 얻어.

 ## 화성 탐사 차

　태양계 탐사 과정에서 크게 성공한 것 가운데 하나가 바로 화성 탐사 차 '스피릿'과 '오퍼튜니티'야. 스피릿과 오퍼튜니티는 2003년에 지구에서 발사되어 2004년에 무사히 화성에 착륙했어. 이 탐사 로봇들은 본래 화성에서 겨우 석 달 동안만 작동하도록 설계되었어. 화성에는 관리를 해 주거나 고장 나면 수리해 줄 사람이 없으니까. 하지만 두 로봇은 지금까지 4년이 넘도록 활동하면서 '붉은 행성' 화성에 관한 정보를 엄청나게 많이 수집했어.

　각 탐사 차에는 여러 가지 과학 기구들이 설치되어 있어. 예를 들면 카메라, 자석 가루를 모으는 자석, 암석을 긁어 그 속을 살펴보는 데 쓰는 기구, 현미경, 그리고 분광계 같은 것들이지. 분광계는 물질에서 방출되는 빛(아니면 감마선이나 엑스선, 적외선 복사 같은 그 밖의 전자기 방사선 종류들)을 분석하는 기구야. 빛을 분석하면 그 물질이 무슨 원소와 성분으로 이루어졌는지 알아낼 수 있어. 그 밖에도 두 탐사 차에는 지구에서 조종할 수 있고, 내부의 컴퓨터에 새로운 프로그램을 깔 수 있게 해주는 통신 장비가 설치되어 있다고 해.

　화성 탐사 차들은 이런 도구들을 이용해 많은 사실을 알아내고 있어. 그 가운데 하나가 바로 옛날 한때이지만 화성 표면에 얼지 않은 물이 있었을지도 모른다는 증거야. 이것은 아주 중요한 정보야. 왜냐하면 화성에도 과거 어느 때엔가 생명체가 살았을 가능성이 있다는 것을 뜻하기 때문이지.

카메라, 현미경, 분광계 같은 온갖 과학 기구를 갖춘 화성 탐사 차

직접 만들어 보기
화성 탐사 로봇

❶ 음료수 병뚜껑 한가운데를 이쑤시개 굵기에 맞춰 구멍을 뚫어. 공작용 칼로 각 뚜껑의 옆면을 잘라 길쭉한 틈을 하나씩 만들어. 틈의 크기는 고무 밴드 하나를 밀어 넣을 수 있을 정도여야 해. 고무 밴드를 집어넣기가 힘들면 클립 하나를 펴서 갈고리를 만들어 봐. 그 갈고리를 틈으로 찔러 넣고 거기에 고무 밴드를 감은 다음, 클립과 고무 밴드를 다시 틈 사이로 잡아당겨. 뚜껑 바깥쪽 둘레에 고무 밴드를 감고 밴드의 남는 부분은 뚜껑 안쪽에 매달리게 해 둬.

❷ 이쑤시개를 잘라 3센티미터쯤 되는 나무못을 하나 만들어. 고무 밴드의 다른 쪽 끝을 나무못 가운데에 테이프로 붙박은 뒤, 접착제로 꼭 붙여. 나무못이 고무 밴드 안에서 안 돌아가는 것이 중요해. 나무못 한쪽 끝을 병뚜껑의 구멍으로 밀어 넣어. 이 나무못 끝이 멋대로 돌아가면 안 돼. 이 작업을 병뚜껑 여섯 개에 똑같이 해.

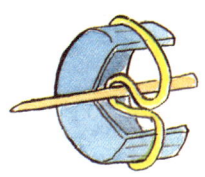

❸ 아이스크림 막대 두 개를 반으로 잘라 네 토막으로 만들어. 이 작은 토막 네 개와 온전한 막대 두 개 끝에 나무못 크기만 한 작은 구멍을 각각 뚫어. 그 구멍 속으로 나무못들을 넣고 접착제로 고정시켜. 그런 다음 작은 토막 네 개를 상자 옆면에 각각 접착제로 붙여.

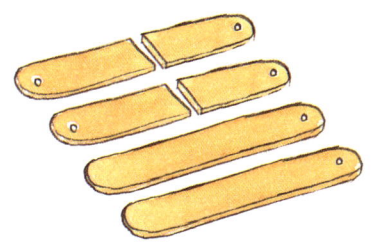 

❹ 나무못 두 개를 남은 두 막대 끝에 꽂아. 다시 이 막대 두 개가 탐사 차의 두 앞바퀴를 지탱해 줄 수 있게(보강재), 각도를 맞춰서 상자 옆면에 각각 붙여.

❺ 두 막대로 보강재를 또 하나 만들어서 그것을 정면에 붙여. 이것은 감지기와 카메라가 설치돼 있는 탐사 차의 팔을 흉내 낸 거야. 이 팔 덕분에 탐사 차는 화성의 물체를 자세히 볼 수 있지. 카메라 대신 입술 크림 튜브 같은 작은 튜브를 올려놓아 봐.

❻ 책 뒤에(175쪽) 있는 공작본 F의 모양대로 마분지와 검은색 공작 색종이를 잘라. 오려낸 색종이를 마분지에 겹쳐 붙이고, 그것을 다시 상자 위에 붙여. 이것은 탐사 차에 동력을 공급하는 태양 전지에 해당해. 이제 자로 색종이 위에 직선들을 그려 격자 모양을 표시해.

❼ 두루마리 휴지의 원통을 한 겹만 세로로 잘라. 그리고 원래 두께의 반 정도가 되도록 다시 말고서 테이프를 붙여서 작은 원통 모양으로 만들어. 이런 원통을 하나 더 만들어. 원통 하나를 작은 원통 두 개가 되게 잘라. 하나가 조금 더 크거나 작게 잘라야 해. 이제 긴 원통 위로 T자 모양이 되게, 작은 원통 두 개를 하나씩 포개서 붙여. 이것은 탐사 차의 기둥을 나타내는데, 거기에는 카메라와 그 밖의 감지기들이 설치되어 있어. 이 기둥을 탐사 차의 앞쪽에 구멍을 뚫어서 세운 다음, 테이프나 접착제로 붙박아.

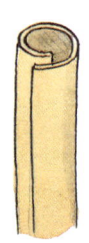

❽ 앞에서 한 것처럼 가는 두루마리 휴지 튜브를 하나 더 만들어. 마분지를 잘라 공작본 G(175쪽)와 같은 조각을 두 개 만들어. 공작본 H(175쪽) 모양으로 마분지 조각을 또 하나 오려. 이 세 마분지 조각을 결합해 두꺼운 노를 만들고, 그것을 튜브에 접착제로 붙여. 그리고 이 전체를 탐사 차 위에 붙여. 이것은 탐사 차의 무선 송신기와 수신기를 나타내. 탐사 차는 이 기구들 덕분에 지구와 연락하고, 사진이나 그 밖에 화성에 관한 정보를 보낼 수 있는 거지. 자, 이제 모형 탐사 차가 완성되었어. 탐사 차를 평평한 표면에서 힘주어 잡아당기거나 뒤로 당기면 바퀴 장치 안쪽의 고무 밴드가 감기게 돼. 그 상태에서 손을 떼면 저절로 앞으로 굴러갈 거야.

❾ 원한다면 물감과 매직펜으로 모형을 멋있게 꾸며도 돼. '나사(NASA)'나 '스피릿(Spirit)', '오퍼튜니티(Opportunity)' 따위를 써도 되고, 자기 이름을 써 넣어도 괜찮아. 앞 장에서 만든 태양 동력 전등을 탐사 차 위에 설치해도 좋겠지?

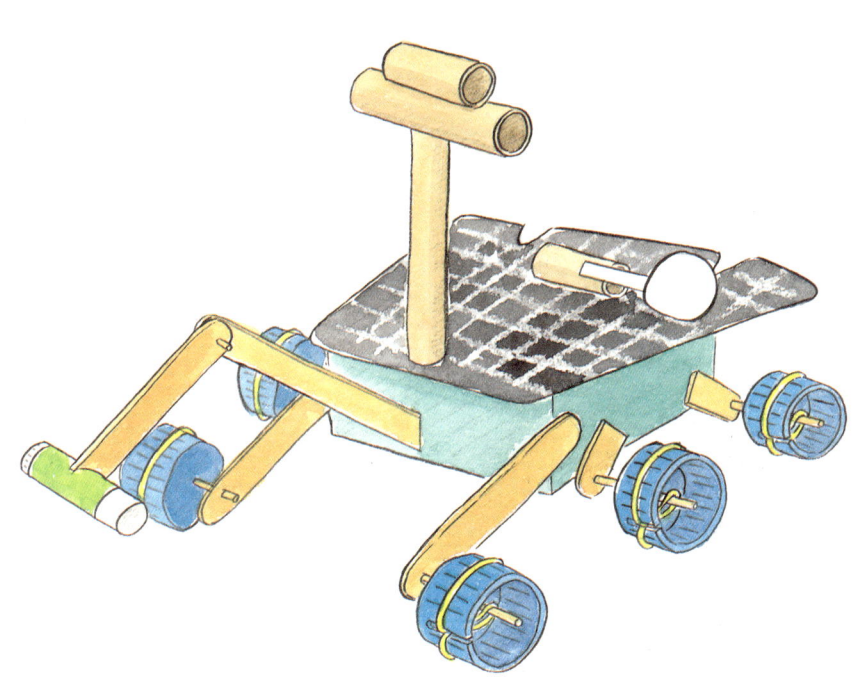

3부
태양계를 넘어

이제 우리는 태양계에 뭐가 있는지, 그리고 그에 관해 어떻게 알아냈는지 알고 있어. 하지만 그 태양계는 도대체 어디서 나온 것일까? 또 나이는 얼마나 됐을까? 태양계의 역사를 이해하려면 먼저 우주의 까마득한 역사로 거슬러 올라가야 해.

약 140억 년 전, 이 우주 전체는 무한하게 작고, 빽빽하고, 뜨거운 에너지 덩어리였어. 그 작은 덩어리가 폭발한 뒤 점점 팽창하며 식어갔는데, 이 사건을 '빅뱅', 곧 대폭발이라고 해.

팽창의 초기에는 이 에너지가 식으면서 전자와 양자, 중성자 들이 되었어. 이것들을 물질의 기본 단위라 해. 이 기본 단위들은 우주의 첫 백만 년(혹은 그쯤)이 지나도록 내내 너무 많은 에너지를 가지고 있었어. 그래서 양자와 전자가 서로 결합하여 원자가 되는 일은 일어날 수 없었지. 이때는 우주의 모든 물질이 여전히 '플라즈마' 상태로 있었어. 플라즈마란 가스와 비슷하지만 이온화한 핵과 자유 전자로 이루어진 물질이야. 이온화한 핵은, 전하(전기)를 띠는 핵을 말해. 이처럼 핵이 전하를 띠는 것은 전자를 갖지 못하기 때문이야. 양전하를 띠는 핵 속의 양자에 균형을 맞추려면 음전하를 띠는 전자가 있어야 하는데, 핵이 (음)전하를 띠는 전자를 갖지 못해서 핵이 전하를 띠는 것이지.

마침내 우주가 충분히 팽창하고 식으면서, 전자와 양자 사이에 전자기적 끌림이 일어나고 원자가 생겨났어. 우주가 생긴 초기 몇 백만 년 동안에는 가장 가볍고 단순한 원소들만 만들어졌어. 바로 수소, 헬륨, 그리고 아주 적은 양의 리튬이었지. 이 원소들의 핵에는 양자가, 각각 한 개, 두 개, 세 개씩밖에 없었어.

별의 탄생

원자들이 식자, 이 원소들은 여전히 팽창하고 있는 우주를 가로질러 흩어져 갔어. 하지만 그것들은 고르게 퍼지지 않고 불규칙하게 덩어리졌어. 원자들 사이의 인력이 서로를 끌어당긴 거야. 이런 일들이 몇 백만 년에 걸쳐 끊임없이 일어나 점점 커다란 기체의 구름, 곧 성운이 만들어졌어.

성운들은 자신들의 물질을 응축하여 마침내 중심에 커다란 기체 덩어리를 만들었어. 기체 덩어리가 뭉치면서 생긴 열과 압력으로, 수소가 덩어리의 중심에서 헬륨으로 융합되었지. 바로 이 핵융합이 빛과 열을 발생시키며 별을 만들어 냈어. 이렇게 탄생한 첫 별들, 곧 제1세대 별들은 지구와 같은 행성을 가지고 있지 않았어. 그것은 우주의 첫 몇 백만 년 동안에는 철이나 실리콘, 혹은 그 밖에 지구형 행성을 이룰 만한 원소가 전혀 없었기 때문이야.

식물이나 동물이 살아 있는 것과 같은 방식으로 살아 있지는 않지만, 별에게도 수명이 있어. 별은 기체와 먼지의 구름인 성운에서 '태어나'. 주로 수소로 이루어진 기체가 충분하여, 중력에 의해 서로 끌어당기며 핵융합이 진행될 때 탄생하는 거지. 별은 자신의 수소를 몇 백만, 몇 십억 년 동안 융합시킨 다음에 '죽어'. 그건 별의 크기에 따라 각각 다른 방식으로 수소 융합을 멈춘다는 뜻이야.

아름다운 성운

성운은 아름다워 보이는 것들이 많아. 그 안에 기체의 종류와 양이 다양하여 수많은 빛깔이 나타나기 때문이야. 게다가 우리는 성운의 모양에서 다른 물체의 모습을 보기도 해. 마치 우리가 지구의 수증기 구름에서 여러 가지 것들을 떠올리는 것처럼 말이야. 잘 알려진 성운으로, 말머리 성운과 독수리 성운 들이 있어.

말머리 성운 ⓒ NASA

한 별의 삶과 존재는 경쟁하는 두 개의 힘 사이의 균형 또는 줄다리기라고 할 수 있어. 별의 전체 질량에 따라 결정되는 중력의 힘은 그 별을 매우 작고 빽빽한 물질 덩어리로 붕괴시키거나 짓눌러 찌그러뜨리려고 하지. 별의 에너지 융합 반응은 우리가 지금 보고 느끼는 태양의 빛과 열을 만들고 있지만, 단지 그뿐이 아냐. 별을 바깥쪽으로 밀어내면서 중력에 의한 붕괴와 싸우고 있거든. 그런 융합 반응을 위한 수소 연료가 쭉 공급되는 한, 별은 안정을 유지할 수 있어. 하지만 연료가 떨어지기 시작하면 변화를 겪게 돼. 어떤 모습의 변화인가는 그 별의 크기에 달려 있지.

초신성

태양보다 훨씬 큰, 그러니까 크기가 태양의 열 배 또는 그 이상 되는 별들은 많은 변화를 겪어. 이 큰 별들은 헬륨 융합이 멈추는 시점에 이르면 중력이 대단히 커지고, 매우 큰 압력이 만들어져. 그래서 탄소 핵이 실리콘, 마그네슘, 그리고 산소 같은 다른 원소들로 융합돼. 그러다가 마침내 이 원소들 가운데 일부가 철로 융합되지. 이때 철은 너무나 무겁고 빽빽해서 스스로 꺼져내려 버려. 그러면 철은 중성자로 바뀌는데, 이 중성자들은 서로 너무나 세게 충돌하여 밖으로 다시 튕겨나가. 중성자들은 튕겨나가면서, 그 별을 둘러싸고 있는 얼마 남지 않은 뜨겁고 빛나는 마지막 기체를 무서운 힘으로 밖으로 날려 버려. 이 어마어마한 폭발을 바로 '초신성'이라고 해. '신성'은 새로운 별이라는 뜻이야. 초신성은 너무나 밝아서 맨눈으로 보면 마치 새로운 별이 만들어진 것처럼 보여. 사실은 별이 아니라 늙은 별이 막 폭발한 모습인데 말이야. 새 별처럼 보이는 건 그 늙은 별이 너무 희미해서 폭발하기 전에는 보이지 않았기 때문이겠지.

초신성이 폭발하는 동안 나오는 에너지와 열은 믿을 수 없을 만큼 강력해. 덕

초신성 ⓒ NASA

분에 이전보다 더 무거운 원소들이 새로 만들어지기도 하지. 철보다 무거운 원소들, 예를 들면 금, 은, 납, 주석, 그리고 우라늄 같은 것들이 모두 이런 폭발로 만들어졌다고 해.

몇 억 년 뒤, 제1세대 별들 중 가장 큰 것들이 각자 가진 수소를 거의 다 태웠어. 그리고 위에서 말한 과정에 들어갔지. 이 첫 초신성들은 폭발하면서 자신들이 만들어 낸 원소들을 은하계 전체에 널리 퍼뜨렸어. 수많은 초신성에서 나온 찌꺼기들은 우주를 가로질러 멀리 멀리 날아갔어. 어딘가에서 다른 초신성 찌꺼기들과 만날 때까지. 하지만 그게 영원히 이어지지는 않아. 언젠가는 속도가 늦

아하! 그렇구나!

초신성 SN1054는 1054년에 폭발했고, 대낮에 보일 정도로 밝았대. 아라비아, 중국, 그리고 북아메리카의 아나사지 인디언족의 천문학자들은 그 모습을 기록으로 남겨 놓았어. 그때 폭발 뒤에 남은 구름이 오늘날 게성운이라고 알려져 있지.

게성운 ⓒ NASA

어지고, 결국 중력에 끌려 들어와 새로운 성운으로 만들어지거든.

이 새로운 먼지와 기체의 구름은 최초의 별이 생겨난 구름과 매우 비슷해. 다만 중요한 차이가 하나 있어. 주로 수소와 헬륨으로 이루어진 것은 마찬가지지만, 새 성운은 그 밖에도 자연적으로 생기는 모든 원소들을 적은 양이나마 포함하고 있다는 거지. 그리하여 이제 철과 실리콘, 그리고 그 밖의 다른 원소들로 이루어진 지구형 행성들이 이 제2세대 성운들에서 탄생할 가능성이 생겼어.

행성의 탄생

새로이 태어난 성운들은 별들과 마찬가지로 중력에 의해 서로 끌어당겨. 이렇게 덩어리진 구름의 중심이 충분히 뭉치면서 별이 되는 것처럼 말이야. 동시에 중력의 잡아당김으로 구름은 빙빙 돌기 시작해. 우리가 친구와 마주보며 팔을 쭉 뻗어 손바닥을 맞대고 있다고 상상해 봐. 만약 두 사람이 힘을 빼지 않고 서로 민다면 결국 어느 쪽이든 앞으로나 뒤로 넘어질 거야. 성운의 경우도 마찬가지야. 하지만 성운은, 중력이 구름을 자꾸 잡아당기기 때문에 한쪽 방향으로 빙빙 돌게 되지. 덕분에 성운은 납작해지면서 대체로 평평한 원반 모양으로 변해.

은하수 은하

우주의 별 대부분은 은하라고 하는 커다란 덩어리 속에 모여 있어. 우리 태양계는 '은하수 은하'(milky way galaxy) 안에 포함돼 있는데, 우리 은하(은하수 은하)는 몇 조 개나 되는 별들로 이루어졌어. 그리고 그 별들은 거의가 은하의 중심, 곧 핵이라고 하는 곳에 몰려 있지. 은하는 지름이 자그마치 12만 광년이나 되며, 대체로 평평한 원반 모양을 하고 있지만, 중심부는 좀 부풀어 있어. 핵에서 뻗어나가면서 별들은 소용돌이치는 팔 모양을 이루지. 우리 은하는 다음과 같은 다섯 팔을 가지고 있는데, 바로 고니 팔, 페르세우스 팔, 오리온 팔, 궁수 팔, 그리고 천칭 팔이야. 태양, 그리고 우리 지구를 포함한 태양계는 오리온 팔에 자리 잡고 있어. 핵에서 약 3만 광년 떨어진 곳이지.

바로 이것이 태양계의 시작이야.

행성들이 만들어지기 시작한 건 이 원반 곳곳에서 물질들이 뭉쳐지면서부터야. 45억 년쯤 전, 은하계의 오리온 팔에 있던, 어느 제2세대 성운에서 철과 그 밖의 다른 원소들이 한 덩어리로 뭉치기 시작했어. 우리 태양계의 중심에서 약 1억5천 킬로미터 떨어진 곳에서 벌어진 이 사건이 바로 지구 탄생의 시작인 거야. 성운 전체의 곳곳에서 서로 다른 먼지와 기체 무리가, 각기 한데 모여 여러 행성과 소행성이 되었어.

하지만 지구의 탄생은 조용한 과정이 아니었어. 철과 실리콘 먼지 덩어리들이

아하! 그렇구나!

지구의 하늘에서 보이는, 은하수라고 하는 밝은 별 무리는 궁수 팔이자 우리 은하의 중심이지. 터키에서는 이 밝은 별 무리를 '새의 길'이라 했고, 중국에서는 '은빛 강', 아프리카에서는 '지푸라기 길', 그리고 북아메리카의 체로키 인디언 족은 '개가 달아난 길'이라고 했대.

나선 은하 ⓒNASA

중력에 이끌려 한데 모이면서 더욱 큰 원소의 응집물들이 만들어졌지. 이 응집물들은 빠른 속도로 구름의 중심 둘레를 돌고 있었어. 그래서 태양계에는 그렇게 날고 회전하는 바위 덩어리들이 굉장히 많았어. 그 바위 덩어리들은 서로 충돌했어. 그래서 산산조각 나거나 서로 튕겨나갔으며, 굉장히 강한 힘으로 부딪쳐, 녹고 합쳐져서 더 큰 바위 덩어리가 되기도 했어. 그리고 바위 덩어리들이 점점 커질수록 더 큰 중력의 응집이 생겼고, 그 때문에 더욱 큰 힘으로 서로를

우리는 별로 만들어졌어

태양계의 역사에 관해 놀라운 사실이 하나 있어. 태양계가 만들어진 성운이, 제1세대 별들이 태어나서 다 타고 수 광년 떨어져 있는 초신성으로 폭발한 뒤에 생겨났다는 거야. 지구에서 리튬보다 무거운 원소들(지구의 많은 부분을 이루는 철과 우리가 숨 쉬는 산소도 포함됨)은 모두 초신성에서 탄생했어. 우리는 그 원소들을 음식을 먹거나 마실 때 몸 안에 받아들이고, 호흡으로 그것들을 세포 속으로 보내지.

그래서 우리 모두는 몇 십억 년 전에 폭발한 별들의 원자로에서 만들어진 생산물로 만들어졌다고 할 수 있어. 인간은 말 그대로 별로 만들어진 거야.

잡아당기게 되었지. 이 무렵 지구의 표면은 이런 온갖 충돌들 때문에 아마도 마그마의 바다로 덮여 있었을 거야. 이 시기는 몇 백만 년 동안 이어졌으며, 흔히 '대폭격 시대'라고 해. 이런 충돌들로 새로 만들어진 행성은 덩치와 에너지 모두가 늘어났지. 지구는 아직도 그 시절의 열과 에너지가 남아 있어서 지금도 핵이 부분적으로 녹아 있어.

 태양계의 형성에 관한 이런 설명을 '성운 가설'이라고 해. 이 가설은 우리 태양계의 많은 특성을 설명해 주지. 한 가지 예로, 행성들은 거의 다 성운의 회전으로 만들어진 납작한 원반의 평면을 따라 태양의 둘레를 돌아. 또 하나, 행성들은 대부분 같은 방향으로 태양의 둘레를 돌고, 역시 대부분 그 방향으로 자전을 해. 그런데 이것은 태양이 자기의 축으로 자전하는 방향과 같아. 행성 둘레를 도는 달들은 거의 모두 이렇게 회전해. 그런데 몇몇 기체 거대 행성의 달들은 반대 방향으로 공전을 하는데, 그것은 아마도 그 달들이 자신의 행성 주변이 아니라 태양계의 다른 어딘가에서 만들어졌기 때문일 거야. 그리고 지금 행성의 달이 된 것은 우연히 그 근처를 지나다 엄청난 중력의 이끌림에 사로잡혔기 때문일 테고.

지구의 달

대폭격 시대의 매우 중요한 유물이 또 하나 있어. 바로 지구를 도는 달이야. 지구가 처음 만들어지고 약 3천5백만 년이 지난 뒤, 테이아(Theia)라는 한 행성이 지구를 들이받았어. 충돌은 정확히 90도 방향으로 이루어졌고, 지구 맨틀의 엄청나게 큰 부분이 지구 둘레의 궤도로 떨어져 나갔어. 지구의 맨틀에서 나온 이 물질이 테이아의 찌꺼기와 합쳐져 달을 이룬 거야. 달의 탄생에 관한 이러한 설명을 '빅 스플래시(Big Splash) 이론'이라고도 해.

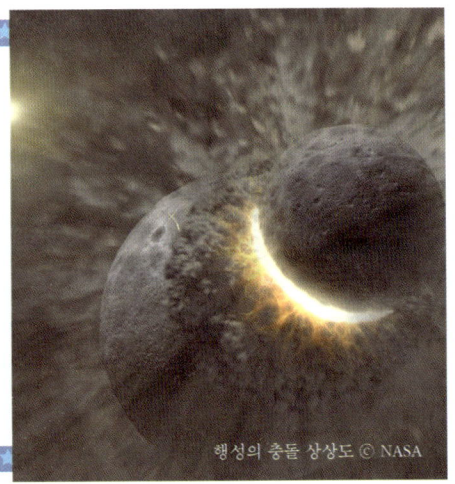

행성의 충돌 상상도 ⓒ NASA

우리 태양계의 미래

우리 태양이 초신성이 될까 봐 걱정할 필요는 없어. 사실 그런 일을 겪을 정도로 큰 별은 아니거든. 우리 태양은 수명이 있어서 언젠가는 다 타 버리겠지만, 그렇다 해도 그렇게 요란한 방식으로 죽지는 않을 거야. 우리 태양만 한 크기의 별들은, 핵 속의 수소가 거의 다 떨어질 때까지 수소를 헬륨으로 바꾸는 시기를 거쳐. 수소가 다 떨어져 버리면, 별은 중력이 훨씬 더 세지고, 밖으로 밀어내는 융합 활동의 힘이 약해지지. 그래서 결국 쭈그러들어. 이렇게 되면 별 중심부의 압력과 열이 증가하면서 수소 융합으로 만들어진 헬륨이 탄소로 융합돼. 이 과정에서 별은 팽창하여 점점 커지고, 표면은 더 차가워질 거야. 이런 일이 벌어지면 우리 태양은 '적색 거성'이 되고, 엄청나게 커져서 수성을 삼켜 버려. 급기야는 지금의 금성 궤도 너머까지 팽창하겠지만, 금성은 그 때문에 더 먼 궤도로 쫓겨 가서 오직 수성만이 이 적색 거성의 지름 안에 놓이게 될 거야. 그래도 우리는 여전히 걱정을 안 해도 되는데, 왜냐하면 이런 일은 앞으로 몇 십억 년 동안에는 일어나지 않거든.

적색 거성 시기가 지나면 태양(그리고 크기가 비슷한 다른 별들)은 탄소를 융합할 헬륨이 다 떨어지게 돼. 그러면 이제 아주 작고, 그러면서도 대단히 빽빽한 탄소 덩어리로 무너져 내려. 이 탄소 덩어리는, 부피는 지구만 해도 무게는 지구의 여

낱말 콕콕

전자: 원자를 이루는 작은 알갱이. 음전하를 띠고 있고, 핵 바깥쪽에 있음.
양자: 원자를 이루는 무거운 알갱이. 핵 안에 있으며, 양전하를 띰.
중성자: 원자를 이루는 무거운 알갱이. 전하를 띠지 않음.
핵: 원자의 중심. 양자들과 전자들로 이루어졌음.

러 배가 될 정도로 무거울 거야. 그리고 그 표면은 아직도 꽤 뜨거워서, 식어 가면서 빛이며 열을 내뿜을 거야. 하지만 더 이상 한 원소를 또다른 원소로 융합하지는 못해. 이런 종류의 별을 '백색 왜성(작고 뜨거운 흰색 별)'이라고 하지.

몇 백만 년이 지나면 백색 왜성이 된 태양은 이제 완전히 식어 버려. 그래도 행성들은 어둠 속에서 차가운 태양 둘레를 돌 거야. 우리 은하나 우주에게는 그렇지 않다 하더라도, 우리 태양계로서는 그것이 마지막 인사가 되겠지. 물론 이것은 앞으로 몇 십억 년 뒤에나 일어날 수 있는 일이야. 그때가 되면 우리 후손들은 더 젊은 별이 있는 다른 태양계로 퍼져나가 살지도 모르지. 우리 태양계에서 생겨난 생명체들과 함께 말이야.

700광년쯤의 거리에 있는 나선성운 ⓒ NASA

이 성운의 중심에 우리 태양의 미래 모습이라 할 수 있는 백색 왜성이 있어.

 대폭발 풍선

천문학자 에드윈 허블은 우주를 관찰하여 많은 것을 발견했어. 허블이 발견한 신기한 것들 가운데 하나가 은하들이 우리 은하에서, 그리고 은하들끼리도 점점 멀어지고 있다는 사실이야. 그뿐 아니야. 은하들은 서로 멀리 떨어져 있을수록 더 빠르게 멀어져 가. 이런 관찰을 가장 잘 이해할 수 있게 해 주는 설명이 바로 우주 자체가 팽창하고 있다는 이론이야.

운동장에서 나와 친구들이 뛰어서 서로 멀어지고 있고, 내가 은하를 나타낸다고 생각해 봐. 그리고 이번에는 내가 최대한 빠르게 뛰고 있을 뿐만 아니라 운동장 자체가, 내가 달림에 따라 팽창하고 있다고 상상해 봐. 그러니까, 운동장 바닥이 1초에 10퍼센트의 비율로 팽창한다면, 나에게서 가장 멀리 떨어진 친구들이 나에게서 가장 빨리 멀어져 가고 있을 거야. 예를 들어, 나와 내 친구 훈민이 사이의 거리가 10걸음이고, 또 다른 친구 정음이와 나 사이의 거리가 100 걸음이라고 해. 1초 뒤에 훈민은 11걸음 떨어져 있고, 정음이는 110걸음 떨어져 있게 될 거야. 훈민이는 한 걸음 멀어졌고 정음이는 열 걸음 더 멀어진 것이지.

만약 우주가 팽창하고 있다면, 그 반대의 과정을 상상해 볼 수도 있을 거야. 필름을 거꾸로 되감듯이 말이야. 이 팽창을 되돌리는 계산을 하다가 발전하게 된 개념이 바로 '대폭발(빅뱅) 이론'이지. 이것은 우주가 거의 무한하게 작고 빽빽한 한 점에서 팽창했고, 그런 뒤 약 140억 년 전 어느 순간에 폭발하여, 지금 우리가 사는 팽창하고 있는 우주가 되었다는 생각이야.

에드윈 허블(1899-1953)

평생을 캘리포니아의 윌슨 산 천문대에서 보내며 여러 가지 빛나는 업적을 이룬 천문학자야. 그는 1920년대 초에 윌슨 산의 후커 망원경으로 안드로메다 성운에 있는 세페이드 변광성들을 찾아냈어. 이 발견으로 안드로메다가 단순한 가스 구름이 아니라 무수히 많은 별들로 이루어졌고, 우리 은하에서 2백만 광년이나 떨어진 또 하나의 은하라는 사실이 증명되었지. 또한 우주의 다른 은하들이 모두 서로에게서 멀어져 가고 있으며, 우주가 점점 부풀고 있다는 것도 알아냈어. 덕분에 우주 탄생에 관한 대폭발 이론이 힘을 얻게 되었지. 허블은 우리가 무수히 많은 은하로 이루어진 거대한 우주에 우리 인간이 살고 있다는 것을 이해는 데 큰 도움을 주었어. 유명한 허블 우주 망원경은 그런 허블의 업적을 기리기 위해 그렇게 이름 지은 거란다.

직접 만들어 보기
대폭발 풍선

안 분 풍선(될 수 있으면 검은색으로)

가늘게 칠해지는 마커 펜 (은색, 금색, 흰색 또는 노란색이면 좋다. 풍선과 다른 색이어야 함)

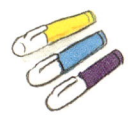

❶ 풍선을 평평한 표면에 놓아. 풍선에 수많은 작은 점을 찍어서 은하를 몇 개 표시해. 이때 작은 점들은 당연히 별들을 나타내. 점 덩어리들을 은하의 모양이 되도록 표시해 봐. 많은 은하들이 타원이나 소용돌이 모양을 하고 있어. 풍선을 뒤집어서 반대쪽에 똑같은 작업을 한 뒤 잉크를 말려.

❷ 잉크가 마른 뒤 풍선을 불어. 불다가 자주 멈추면서 얼마나 부풀었는지 확인해. 우주가 팽창함에 따라 은하들이 서로 멀어지는지 살펴보렴.

 성운이란 무엇일까

성운은 우주 공간에 있는 거대한 기체의 구름이야. 성운은 '별 육아실'이라고도 하는데, 왜냐하면 바로 거기가 별이 '태어나는' 곳이기 때문이지. 하나의 성운은 몇 백만 킬로미터까지 뻗어 있을 수도 있고, 엄청나게 많은 기체를 포함하고 있어. 이 기체의 대부분을 차지하는 것은 우주에서 가장 흔한 원소인 수소야. 하지만, 성운에는 우주의 거의 모든 원소들이 들어 있어. 물론 각 원소들의 양은 수소보다 훨씬 적지.

모든 물질이 그렇듯이, 기체 원자들도 다른 원자들의 중력에 끌려들어가. 두 원자가 서로 이끌릴 때는, 더 많이 뭉쳐 있고 질량이 큰 쪽이 더 큰 힘을 발휘하게 돼. 더 많은 원자를 끌어당겨 점점 더 큰 무리들을 이루면, 이 무리들은 더욱 큰 중력을 갖게 되어 더욱 많은 원자를 끌어당겨. 그래서 훨씬 더 큰 질량의 응축을 만들어 내지. 그리고 그 때문에 다시 더 큰 중력이 생기고, 또 더 많은 원자를 끌어당기는 식의 과정이 되풀이 돼. 이처럼 가면 갈수록 강해지는 과정을 '양성 되먹임 고리'라고도 해.

매우 넓은 지역에 퍼져 있는 성운의 기체 일부는, 몇 천 년에 걸쳐 하나의 작은 지역에 뭉치게 돼. 기체 덩어리는 자신의 커다란 질량과 중력 때문에 스스로를 안쪽으로 끌어당겨. 그 결과로 기체 덩어리의 중심에 엄청난 열과 압력이 생겨날 수 있어. 만약 이 기체 덩어리가 충분히 커서 그 압력과 열 또한 충분히 높다면, 수소가 녹아 헬륨으로 변해. 융합이라고 하는 이 과정은 열과 에너지를 발생하지. 기체 덩어리가 이런 식으로 점화되면 이제 하나의 별이 되는 거야.

원뿔성운 ⓒ NASA

직접 만들어 보기
아름다운 성운 그림

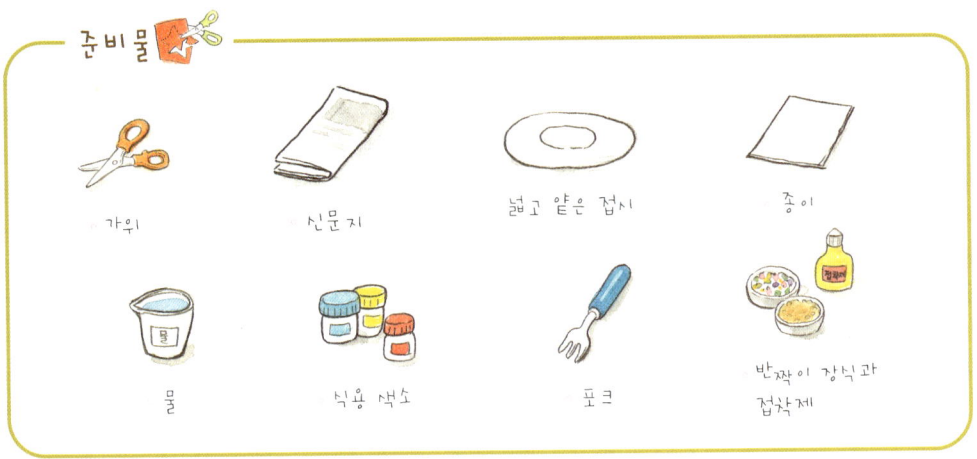

❶ 먼저 신문지를 바닥에 깔아. 식용 색소는 옷을 얼룩지게 할 수 있으니 조심해. 될 수 있으면 낡은 옷을 입는 게 좋을 거야.

❷ 종이 몇 장을 접시 안에 딱 맞도록 가위로 잘라 다듬어. 그 종이들을 한쪽에 둔 다음, 접시에 바닥을 겨우 덮을 만큼만 물을 부어.

❸ 각각 다른 빛깔의 식용 색소 몇 방울을 이 물에 떨어뜨려. 살짝 떨어뜨려서 부드럽게 섞이도록 해야 해. 포크로 살살 섞어 줘도 되지만, 너무 세게 휘젓지는 마. 성운 사진처럼 보이는 색소 구름을 얻어야 해. 성운 사진은 이 책이나 인터넷을 참고해. 한번 해 보고, 색소가 온통 뒤섞여 버리면 부어 버리고 다시 해 봐.

❹ 종이를 물 위에 살짝 얹어. 완전히 담그지는 마. 종이를 조심해서 들어, 색소가 묻은 쪽을 위로 향하게 해서 신문지 위에 올려놓고 말려. 이제 그 종이에는 성운과 비슷한 구름무늬가 찍혀 있어야 해. 원하는 성운 모양이 얻어질 때까지 여러 번 해 봐.

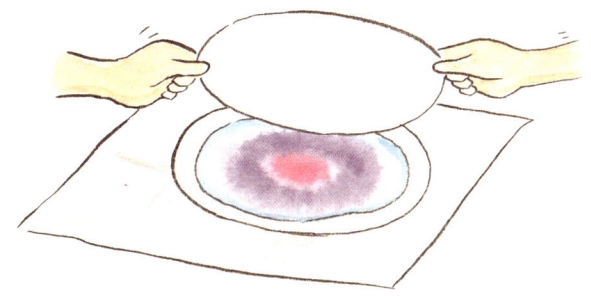

❺ 종이가 마르면 그 위에 반짝이 장식을 붙여 봐. 그건 성운에서 탄생한 별들이야. 너무 많이 붙이지는 말고.

❻ 만들어진 성운 모양들을 살펴보고 성운에 이름을 지어 봐. 성운에는 흔히 아름다우면서 어떤 형상을 가리키는 이름을 지어 주지. 이제 그림을 벽에 걸어 놓거나 공에 넣어 두거나 장식용으로 써 보렴.

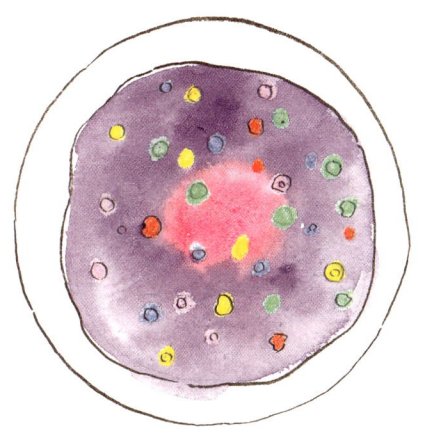

 ## 펄서 모형

우주에는 별이나 행성 말고도 재미있는 것들이 많아. '펄서'라는 굉장히 신기한 천체도 그 가운데 하나야. 펄서란 펄스, 곧 파동을 일으키는 것이라는 뜻이야. 중성자별의 하나로, 초신성 폭발 뒤에 남겨진 것이지. 초신성이 폭발하기 전에 거성의 중심부에서 만들어진 철은, 모두 한데 짓이겨지고, 결국 원자 내부의 모든 양자와 전자가 중성자로 바뀌어 버려. 그렇게 해서 중성자로 이루어진 매우 빽빽한 별이 만들어지는데, 그게 바로 중성자별이야. 중성자별은 전자파 같은 전자기 에너지를 북쪽과 남쪽의 자극을 통해 밖으로 내보내. 그러면서 자신의 축으로 회전을 해. 하지만 지구와 마찬가지로 이 중성자별의 자전축과 자극은 정확히 같은 위치에 있지는 않아. 중성자별의 자전축과 자극의 위치가 같지

않다는 것은, 펄서가 자전할 때 전자기 에너지가 하늘을 가로질러 흐른다는 것을 뜻해. 그래서 다 돌기 전에 하늘의 한 부분을 비추는 거지.

펄서가 지구 쪽으로 빛나고, 그런 다음 한 바퀴 빙 돌고 다시 지구를 향해 반짝이면, 지구에서는 마치 켜졌다 꺼졌다 하는 것처럼 보여. 사실 펄서는 그냥 자전을 하고 있을 뿐인데 말이야. 이런 성질은 우리도 충분히 설명할 수 있어.

펄서

펄서는 1967년에 처음 발견되었고, 잠깐 동안, 그리고 아마도 그다지 심각하지 않게 우주 공간에 있는 등대 같은 것이라고 여겨졌어. 펄서들은 강한 전자기 에너지의 파동을 보내는 것처럼 보였지. 펄서들이 규칙적으로 깜박여서 마치 누군가가 전등 스위치를 켰다 껐다 하는 것처럼 보였기 때문에, 어떤 사람들은 그것들이 인공적으로 만들어졌을지도 모른다고 생각했어. 그들은 그래서 펄서가 외계(지구 밖)의 지적 생명체의 존재를 말해주는 것일 수도 있다고 보았지. 외계인을 찾는 이들에게는 안타까운 일이지만, 펄서는 우주에서 자연적으로 생겨난 천체야. 그렇지만 펄서는 그 자체만으로도 매력적인 천체여서 충분히 연구할 가치가 있어.

펄서 : 자전하면서 에너지를 방출하는 중성자별. 자전함에 따라 마치 펄스(파동)을 쏘는 것처럼 보임.

중성자별 : 자신의 중력으로 무너져 내려서 원자가 모두 중성자로 바뀌어 버린 별.

직접 만들어 보기
펄서 모형

준비물: 연필, 시디, 점토 공, 작은 손전등, 테이프, 어두운 방

❶ 연필을 씨디(CD) 한가운데에 끼워. 점토로 연필을 고정시켜. 지금 만드는 것은 팽이 같은 기구야.

❷ 손전등을 연필과 직각을 이루도록 시디 위에 가로질러 놓고 테이프로 붙여. 펄서들은 대부분 자극과 자전축이 이보다 가깝게 붙어 있지만, 이것으로도 펄서에서 어떤 일이 벌어지는지 충분히 알 수 있을 거야.

❸ 손전등을 켜고, 방 안의 불을 모두 꺼. 방바닥이나 탁자 위에서 팽이를 돌려. 손전등이 나를 비출 때 시선을 손전등에 맞춰. 빛이 똑바로 나를 가리켜야 펄서처럼 꺼졌다 켜졌다 하는 것처럼 보이게 돼. 실험을 하고 있는 곳이 어두운 방이라서 벽에 반사되는 빛도 보게 될 거야. 그러나 우주 공간에서는 빛이 부딪쳐 틸 게 거의 없기 때문에, 펄서는 우리에게 그냥 윙크하는 것으로만 보이는 거야. 밤에 밖에 나가서 해 보고 차이점을 알아보렴.

3부 4장
광년과 파섹

 광년과 파섹

태양계 안에 있는 것들을 살펴볼 때, 우리는 거리를 비교하기 위해 에이유(AU), 곧 천문단위라는 단위를 썼어. 지구는 태양에서 1에이유, 명왕성은 약 40에이유지. 그러면 태양계 전체는 얼마나 클까? 태양계의 가장자리에 확실하고 단단한 경계선 같은 게 있지는 않아. 하지만 우리는 일반적으로 '오르트 구름'의 가장자리가 태양에서 200에이유 정도라고 믿고 있어.

그렇다고 하면 태양계는 지름, 그러니까 오르트 구름의 한쪽에서 태양을 지나 오르트 구름의 반대편까지 거리가 약 400에이유라는 말이 돼. 그리고 이건 정말로 큰 거지. 하지만 태양계 밖으로 나가면 그보다 더 큰 단위를 써야 해. 태양계 밖에서 주로 쓰는 측정 단위는 광년이야. 광년은 빛이 일 년 동안에 가는 거리를 가리키는데, 빛은 1초에 약 30만 킬로미터를 가. 이것은 거의 한 시간에 10억 킬로미터를 가는 속도야. 그래서 빛이 태양에서 지구까지 약 18억 킬로미터를 지나는 데는 겨우 8분밖에 걸리지 않아.

빛이 일 년 내내 가는 거리는 거의 9조 하고도 6천억 킬로미터나 돼. 이것은 6만3천 에이유가 넘어. 그런데도 태양계에서 가장 가까운 별에 도착하는 데만도 1광년이 넘는 거리를 여행해야 해. 실제로 가장 가까운 별인 '프록시나 센타우리'는 약 4.2광년 거리에 있지. 우리 은하의 별들은 평균 3.3광년쯤 서로 떨어져 있어. 우연하게도 이 거리는 파섹이라는 단위의 길이와 거의 같아. '파섹(Parsec)'은 연주시차가 1초인 거리를 뜻하는 말인데, 여기서 '초'는 시간 단위가 아니라 각도의 측정 단위야.

얼마나 멀어야 먼 것일까?

엄청나게 먼 우주의 거리에 관해 생각해 보려면 먼저 4.2광년이라는 거리를 상상해 봐. 그게 태양에서 가장 가까운 별의 거리거든. 12만 광년은 어떨까? 우리 은하, 곧 은하수를 가로지르는 거리가 바로 그 정도라는데. 마지막으로 2백만 광년을 한번 상상해 봐. 우리 은하와 가장 가까운 은하라는 안드로메다은하까지의 거리가 그렇게 어마어마해.

직접 만들어 보기
태양계 모형

태양계와 1광년의 너비를 보여주는 축척 모형을 만들어 봐. 앞에서 만든 에이유(AU) 모형이 아직 그대로 있으면 이것을 그 옆에 놓으면 좋을 거야. 이 실험은 넓은 운동장에서 해야 해.

❶ 완두콩을 노랗게 칠해. 이것은 태양을 나타내. 칠을 말린 다음 접착제로 이쑤시개 끝에 붙여.

❷ 공작 색종이에서 삼각형 14개를 오려내. 그것들을 각각 이쑤시개에 붙여 작은 깃발을 만들어.

❸ 지구형 행성인 수성, 금성, 지구, 화성을 각각 깃발에 표시해. 목성형 행성인 목성, 토성, 천왕성, 해왕성도 마찬가지야. 그리고 카이퍼 띠에 두 개, 난쟁이 행성 세레스와 명왕성, 에리스, 세드나에 대해 각각 하나씩 깃발을 배정해.

❹ 완두콩 태양을 경기장 한쪽 골라인에 놓아. 태양에서의 축척 거리를 따져서 적당한 지점에 다른 깃발들을 세워. 이 모형에서는 1에이유를 약 30센티미터로 정해 쓸 거야. 그러니 지구 깃발은 태양에서 30센티미터 떨어진 지점에 세워 두면 되지. 앞에서 만든 더 큰 에이유 축척 모형과 달리 행성들은 깃발로 표시해야 해. 축척을 그대로 적용하면 너무 작아서 보이지도 않을 거거든.

❺ 수성 깃발을 태양에서 약 10센티미터 떨어진 곳에 세워. 금성 깃발은 태양에서 23센티미터쯤 되는 지점에 놓아야 해. 가장 먼 화성은 지구 깃발을 지나 15센티미터쯤 되는 곳에 표시해야 할 거야.

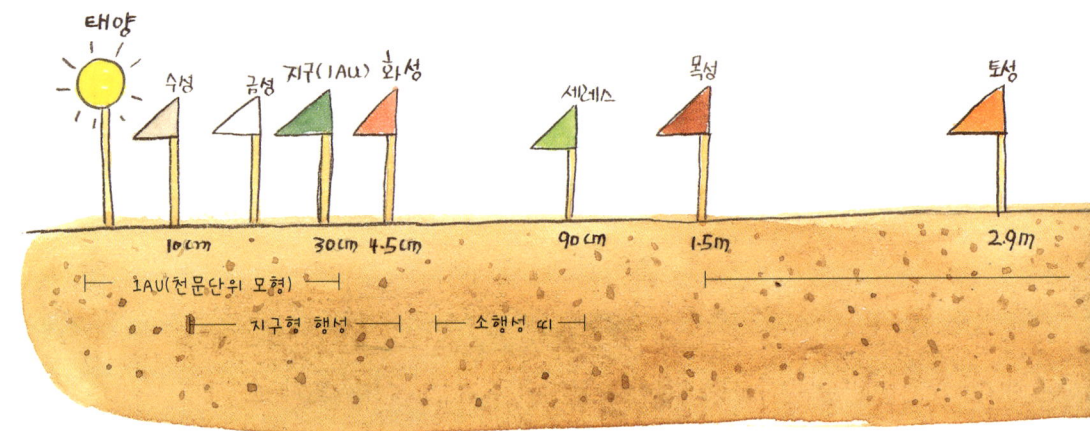

아하! 그렇구나!

지금 가장 빠른 우주선의 속도는 시속 8만 킬로미터야. 하지만 그 속도로 여행을 한다 해도 태양계에 가장 가까운 별인 프록시마 켄타우리에 도달하는 데는 자그마치 5만 년이 넘게 걸려.

❻ 다음은 목성형 행성들이야. 30센티미터가 1에이유에 해당한다는 것을 다시 한 번 기억해. 이제 목성 깃발을 태양에서 약 1.5미터 떨어진 지점에 세워. 토성 깃발이 놓일 위치는 태양에서 2.9미터 지점이야. 천왕성과 해왕성은 각각 5.7미터와 9미터 지점에 세워야 해.

❼ 이번에는 카이퍼 띠의 경계를 표시할 거야. 카이퍼 띠 깃발 하나를 약 9미터 지점에 놓고, 다른 하나는 30미터 지점, 곧 태양에서 100에이유 떨어진 곳에 놓으면 돼. 간단하지?

❽ 이제 소행성 또는 난쟁이 행성들을 표시할 차례야. 명왕성은 평균 거리는 태양에서 약 39에이유(12미터쯤)이지만, 궤도가 타원 모양이어서 어떤 때는 해왕성보다 더 가깝게 태양에 다가가기도 해. 에리스는 97에이유(29미터) 지점에 표시해야 해. 세레스는 화성과 목성 사이의 소행성 띠에 있고, 태양에서의 거리는 3에이유(90센티미터)야. 그리고 세드나는 카이퍼 띠에서도 가장 먼 곳에 있는 천체지.

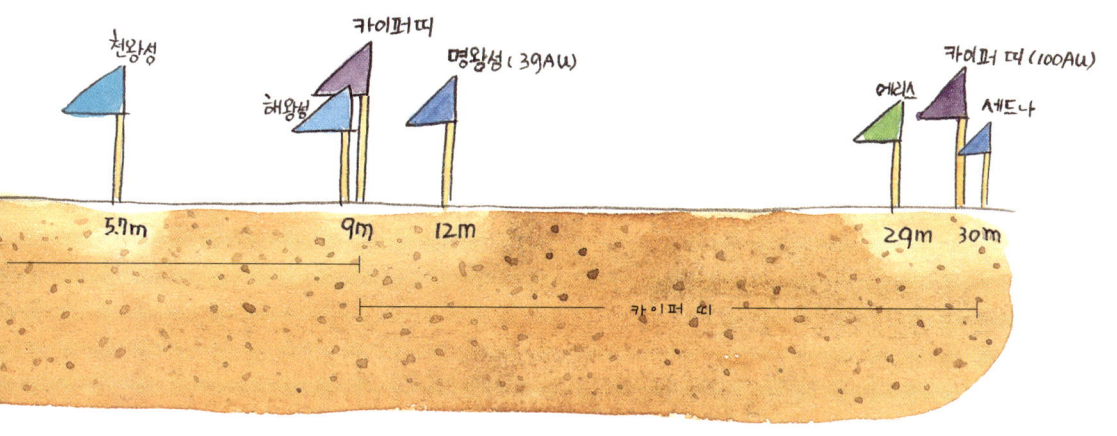

바깥 경계

오르트 구름이 태양에서 5만 에이유 떨어진 곳까지 뻗어 있다는 점에서, 태양계는 이것보다 훨씬 넓을 수도 있어. 우리가 만든 축척 모형에서 오르트 구름은 거의 16킬로미터 떨어져 있거든.

직접 만들어 보기
광년 모형

태양계 모형에 이어 이제 광년 모형을 만들어 볼 거야. 태양에서 카이퍼 띠 가장자리까지의 거리는 약 100에이유야. 바로 이 거리가 우리가 만들 광년 모형에서 새로운 측정 단위로 쓰이게 돼. 우리의 이 기본 단위, 곧 100에이유를 우리가 이용할 운동장에 알맞게 약 15센티미터로 정할 거야.

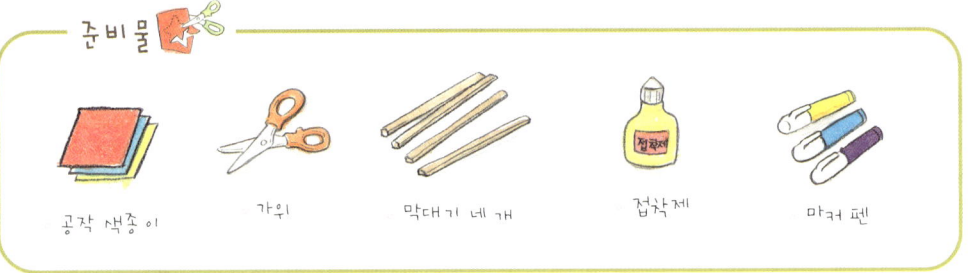

준비물: 공작 색종이, 가위, 막대기 네 개, 접착제, 마커 펜

❶ 공작 색종이에서 삼각형 모양 네 개를 잘라. 이 삼각형들을 막대기에 붙여서 네 개의 깃발을 만들어. 그리고 그 깃발에 각각 태양, 카이퍼 띠 끝, 오르트 구름 끝, 1광년이라고 써.

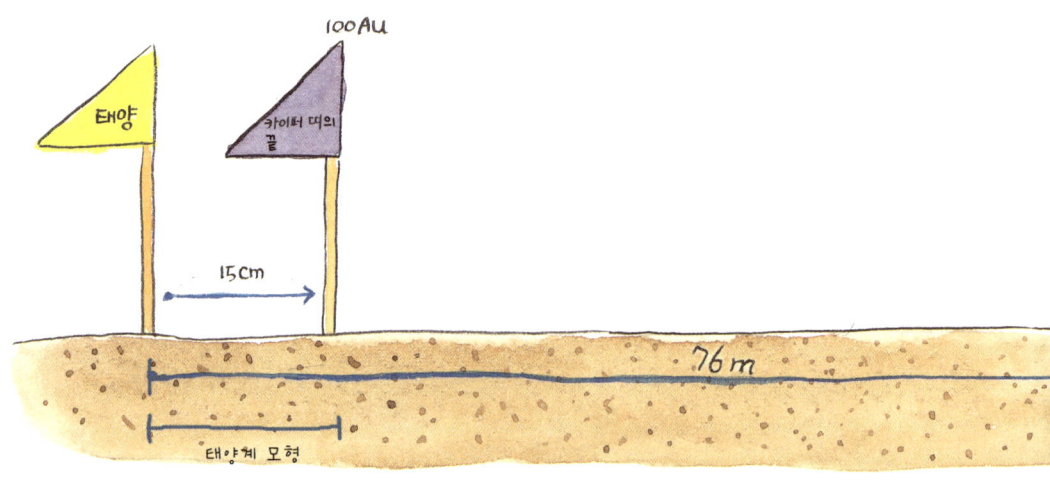

❷ '태양'이라고 쓴 깃발을 운동장 한쪽 골라인에 놓아. 카이퍼 띠 끝을 표시하는 깃발은 태양에서 약 15센티미터 떨어진 곳에 세워. 이 축척에서는 바로 앞에서 만든 '태양계 모형'들이 이 15센티미터 안쪽에 다 들어가게 돼.

❸ '오르트 구름'이라고 쓴 깃발을, 운동장 맞은편을 보고 큰걸음으로 110걸음(76미터쯤 돼)을 간 자리에 세워. 여기가 5만 에이유쯤에 해당하는 위치야. 끝으로 '1광년'이라고 쓴 깃발을 '오르트 구름' 깃발에서 20미터쯤, 그러니까 29걸음쯤 되는 자리에 세워.

❹ 이제 태양 깃발 옆에 서서 모형들을 쭉 살펴 봐. 1에이유에 해당하는 첫째 모형(24~25쪽)에서의 총거리는 둘째 '태양계 모형'(161~163쪽)의 처음 30cm 안에 다 들어가. 그리고 둘째 태양계 모형은 셋째 '광년 모형'의 처음 15센티미터 안에 있게 돼.

1광년은 1초에 30만 킬로미터를 가는 빛이 1년 동안 가는 거리니까, 미터법으로 따지면 9조 4천6백 킬로미터쯤 돼. 시속 100킬로미터로 달리는 자동차가 1억 년이 훨씬 넘도록 가야 하는 어마어마한 거리지.

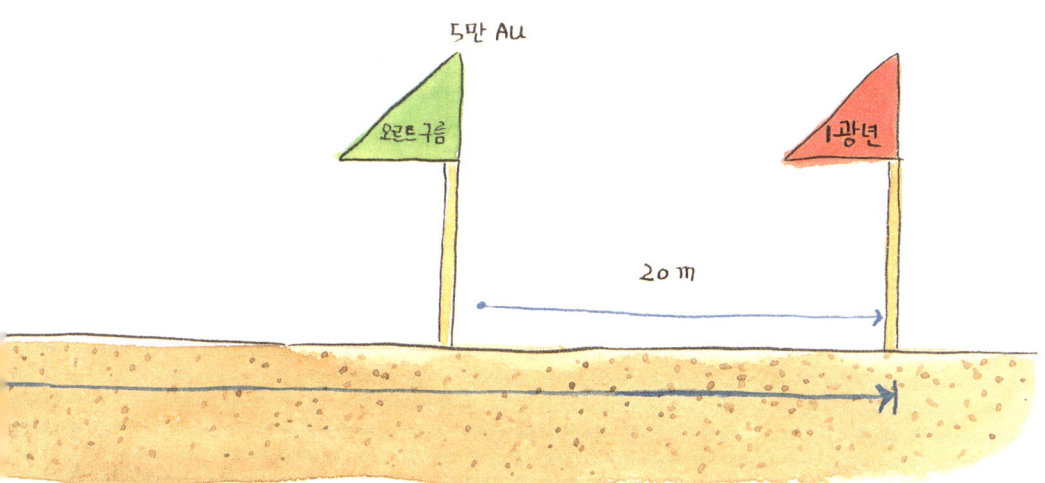

우주 탐사의 역사

약 137억 년 전 - 대폭발로 우주가 생겨남.

약 46억 년 전 - 태양계가 탄생.

기원전 150년 - 프톨레마이오스가 〈알마게스트〉라는 책을 써서 지구가 중심에 있는 태양계 모양을 설명.

서기 1542년 - 코페르니쿠스가 자신의 책 〈천체의 회전에 관하여〉에서 태양이 중심에 있는 태양계를 설명.

1609년 - 요하네스 케플러가 티코 브라헤의 관찰 결과를 참고하여 〈새로운 천문학〉이라는 책을 펴냄. 케플러는 이 책에서 행성은 타원 모양의 궤도를 그리며 태양의 둘레를 돈다고 주장.

1610

갈릴레오 갈릴레이가 처음으로 망원경을 통해 행성을 관찰하고, 목성의 달과 토성의 고리, 금성의 위상을 발견하다.

1758년 - 에드먼드 핼리가 예언한 대로 핼리 혜성이 다시 나타남. 이것으로 1531년과 1607년, 1682년에 관찰된 혜성들은 다 같은 혜성이라는 사실이 증명.

1781년 - 윌리엄 허셜이 천왕성을 발견.

1801년 - 주세페 피아치가 최초의 소행성 '세레스'를 발견. 지금은 세레스를 '난쟁이 행성(dwarf planet)'으로 봄.

1838년 - 프리드리히 빌헬름 베셀이 백조자리 61(Cygni61) 별의 시차를 측정.

1846년 - 영국과 프랑스 천문 연구 팀들이 동시에 천왕성 너머의 행성을 찾기 시작하여 마침내 해왕성을 발견.

1930년 - 클라이드 톰보가 명왕성을 발견.

1957

소련이 세계 최초의 인공위성인 스푸트니크를 발사하여 우주 시대의 문을 활짝 열다.

1958년 - 미국이 첫 인공위성을 발사하고 나사(NASA), 곧 미국 항공 우주국을 만듦.

1962년 - 무인 우주선 매리너 2호가 금성을 가깝게 지나가며 처음으로 다른 행성을 방문하는 데 성공.

1966년 - 무인 우주선 베네라 3호가 금성에 착륙하며 처음으로 다른 행성에 도달.

1969

아폴로 11호의 승무원인 닐 암스트롱과 버즈 올드린이 달에 착륙하다.

1971년 - 무인 탐사선 마스 3호 착륙선이 처음으로 화성에 착륙.

1974년 - 탐사선 매리너 10호가 수성에 접근하여 관찰에 성공.

1977년 - 행성 연구를 위한 탐사선 보이저 1호가 발사되어 1979년에 목성, 1980년에 토성을 지나감.

1986년 - 역시 1977년에 발사됐던 보이저 2호가 천왕성에 접근해 천왕성의 달 10개를 발견.

1989년 - 보이저 2호가 해왕성과 해왕성의 달 가운데 하나인 트리톤에 접근.

2005년 - 마이크 브라운과 채드 트루히요, 데이비드 라비노비츠로 이루어진 연구 팀이 난쟁이 행성 에리스를 발견했다고 발표.

2006년 - 명왕성이 난쟁이 행성으로 다시 분류됨.

우리 나라의 천문 사이트

곡성 섬진강천문대 http://star.gokseong.go.kr/
국토정중앙천문대 http://www.ckobs.kr/
군포 누리천문대 http://www.gunpolib.or.kr/nuri/
김해천문대 http://www.astro.gsiseol.or.kr/
대전 시민천문대 http://star.metro.daejeon.kr/
별마로 천문대 http://www.yao.or.kr/
별새꽃돌 자연탐사과학관 http://ntam.org/
보현산천문대 http://boao.kasi.re.kr/
보현산 천문과학관 http://www.staryc.com
서귀포 천문과학문화관 http://astronomy.seogwipo.go.kr/
성도 (무료)프로그램 http://www.stellarium.org/
세종천문대 http://www.sejongobs.co.kr/
소백산천문대(단양) http://soao.kasi.re.kr/
송암천문대 http://www.starsvalley.com/
신나는과학을만드는사람들 http://tes.or.kr
안성천문대 http://www.nicestar.co.kr/
양평국제천문대 http://www.ngc7000.co.kr/
연세 어린이천문대(일산) http://www.astrocamp.net/
영양 반딧불이천문대 http://firefly.yyg.go.kr/
예천천문우주센터 http://www.portsky.net/
우리별천문대(횡성) http://www.ourstar.net/
자연과별 천문대(가평) http://www.naturestar.co.kr/
장흥 정남진천문과학관 http://star.jangheung.go.kr/
전국과학교사협회 http://www.k-sta.org/
중미산천문대(양평) http://www.astrocafe.co.kr
천문인마을(천문우주과학관) http://www.astrovil.co.kr/
충주고구려천문과학관 http://www.gogostar.kr/
카이스트(KAIST) 인공위성센터 http://satrec.kaist.ac.kr
코스모피아천문대(가평) http://www.cosmopia.net
하늘별마을 만행산천문체험관 http://www.skystarville.or.kr/
한국아마추어천문학회 http://www.kaas.or.kr/
한국우주정보소년단 http://www.yak.or.kr/
한국천문연구원 http://www.kasi.re.kr/
한국항공우주연구원 http://www.kari.re.kr/

찾아보기

〈가〉
가속	78, 79, 81
가시광선	26, 82
갈릴레이	69, 78, 82, 164
갈릴레이식 만원경	82, 84
광년	70, 163
광전지	125
궤도	37
규산물질	12
금성	12, 13, 26, 66, 97
기체 거대 행성	14, 15, 17
긴주기혜성	21

〈나〉
난쟁이 행성	15, 19, 57, 164
뉴턴	37, 38, 81
뉴턴식 만원경	86
뉴호라이즌스	77, 118

〈다〉
달	34, 37
달의 위상	34, 35
대기	18, 26, 27, 76, 97
대류	27
대폭발	137, 148, 164
데이모스	13, 75
디스노미아	20, 74

〈라〉
라이카	101
로켓	73, 88, 105

〈마〉
마그마	52, 62
마찰	112, 114
맨틀	61, 62, 120
명왕성	19, 20, 73, 74, 77
목성	14, 15, 16, 69
목성형 행성	14, 160
미국 항공우주국	100, 117, 164

〈바〉
백색 왜성	146
베셀	70, 164
별똥별	11, 14
복사	27
부착	57, 60, 61
분화구	52
브라헤	68
빅 스플래시 이론	144

〈사〉
사분의	68
성운	138, 150
세드나	20, 160
세레스	15, 57, 74, 164
소행성	11, 13, 56, 57, 142
소행성 띠	13, 56
수소	12, 16, 49, 137, 150
수성	12, 13, 26, 66
스푸트니크	92, 93, 94, 100, 164
시차	70, 72, 158, 164

〈아〉

아리스토텔레스	70
아인슈타인	38
아폴로 계획	74, 101
양자	117, 137, 145
양성 되먹임 고리	151
얼음 거대 행성	17
에리스	19, 20, 57, 74
에이유(AU)	18, 19, 22, 157
역행	43, 44, 67
오르트 구름	21, 48, 157
온실 가스	26, 27
온실 실험	28
용암	62
우주 경쟁	73, 74, 100, 101
우리 은하(은하수 은하)	11, 23, 141
우주	11, 22, 38
운동량	38, 39
원소	14
원자	14
위상	34
위성	92, 93
유럽우주국	75
유성체	39
융합 반응	12
은하	14, 23, 147
이온	113, 114, 117, 118
이온화한 핵	137
기움	34

〈자〉

자기궤도	105
자전축	17, 21
적색거성	145
전자	117, 137, 145, 154
정지 궤도	106
중력 우물	38, 39, 40
중력 새총	118
중력	11, 15, 38, 57, 141, 150
중성자	137, 139, 145, 154
중성자별	154, 155
지각 판	62
지구 중심주의	42, 43
지구형 행성	12, 13
지진계	120, 121
짧은 주기 혜성	21

〈차〉

참	34
천문단위(AU)	22, 25, 157
천문단위 모형	24
천왕성	17, 18, 71, 77, 164
천체	13, 14, 15
초신성	139, 140, 143, 145, 154

〈카〉

카이퍼 띠	19, 20, 48, 74
케플러	43, 68, 69, 164
켄타우루스	17
코페르니쿠스	43, 66, 164
크레이터	51, 52, 53

〈타〉

타이탄	16

태양계	11
태양동력 우주선	123, 124
태양동력 발전기	126
태양 중심주의	42, 43, 69, 70
태양풍	49, 112, 113
토성	16, 17, 18
토성의 고리	31

〈파〉

파에톤	56, 60
파섹	158
펄서	154, 155
포보스	13, 75
프톨레마이오스	43, 44, 67, 164
플래닛	66

〈하〉

해왕성	17, 18
해왕성 바깥 천체	20
핵	117, 137, 145
핼리 혜성	21, 164
행성	12, 14
행성들의 영어 이름	66
허블	147, 148
허셜	71, 77, 164
혜성	21, 48
혜성의 꼬리	48, 49
화산 활동	52, 61, 63
화성	12, 13, 44, 56, 75

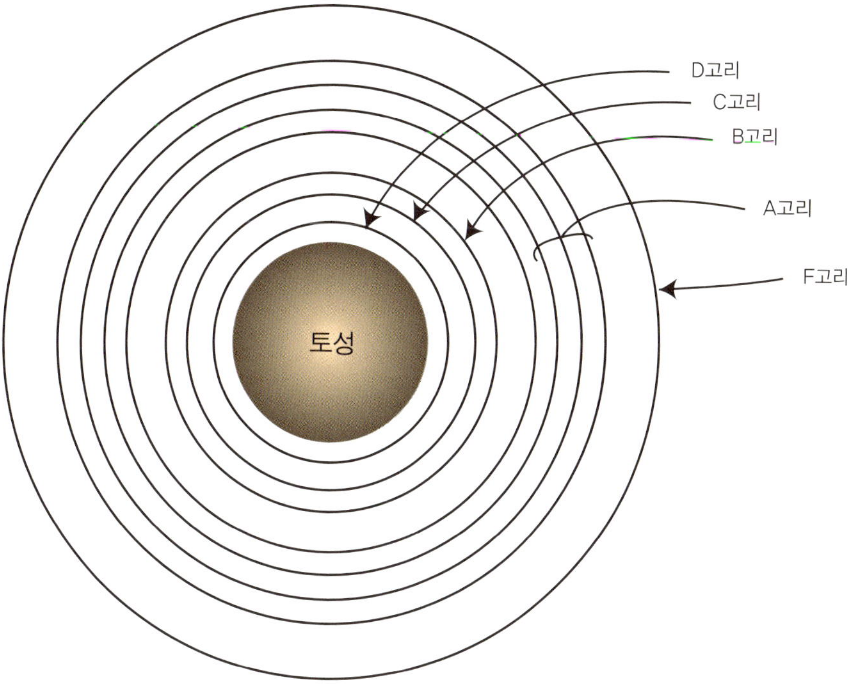

공작본

D고리
C고리
B고리
A고리
F고리

토성

공작본 A

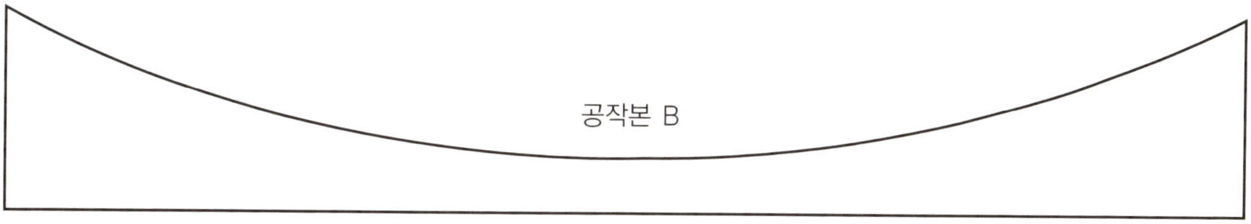

공작본 B

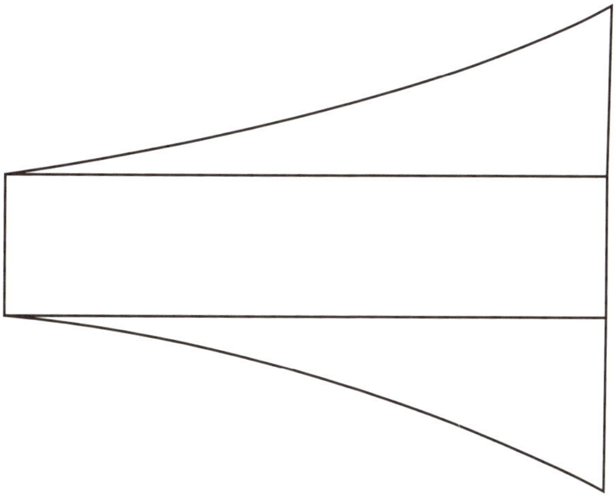

공작본 C

공작본

공작본 D

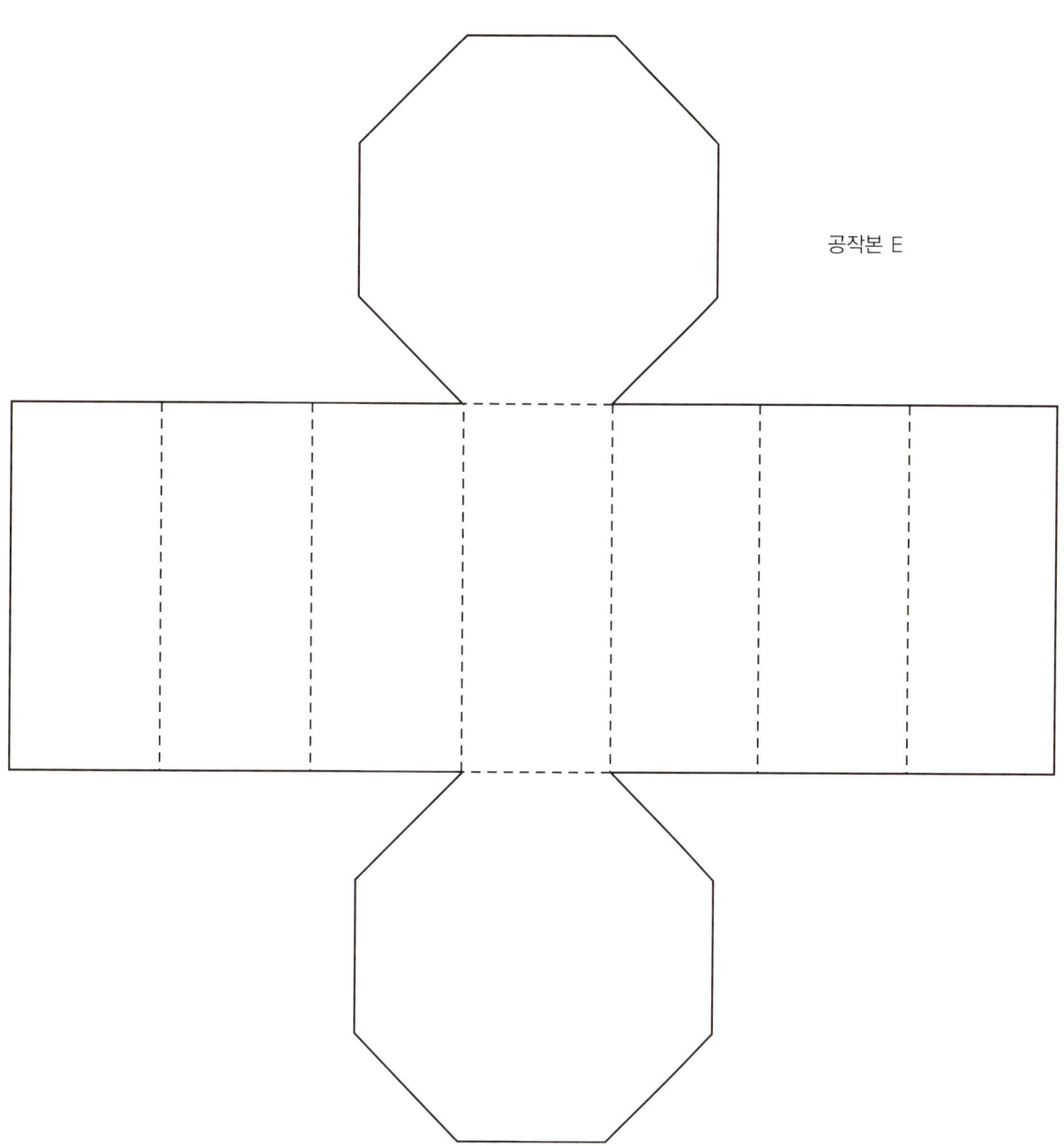

공작본 E

공작본 F

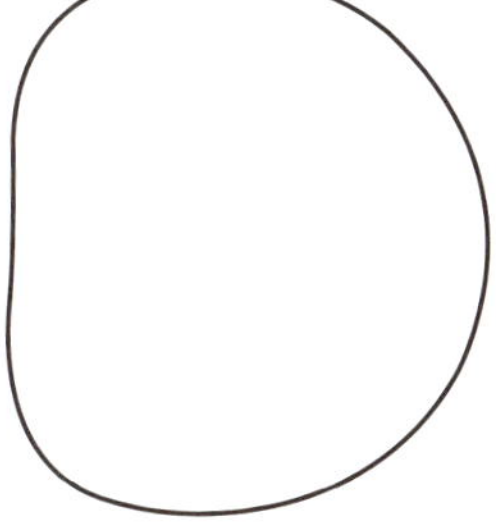

공작본 G

공작본 H

175